信息化时代高校英语
教学理论与方法的多元研究

王芳 著

全国百佳图书出版单位　吉林出版集团股份有限公司

图书在版编目（CIP）数据

信息化时代高校英语教学理论与方法的多元研究 / 王芳著. -- 长春：吉林出版集团股份有限公司，2022.11

ISBN 978-7-5581-8095-8

Ⅰ.①信… Ⅱ.①王… Ⅲ.①英语-教学研究-高等学校 Ⅳ.①H319.3

中国版本图书馆 CIP 数据核字（2022）第 208137 号

XINXIHUA SHIDAI GAOXIAO YINGYU JIAOXUE LILUN YU FANGFA DE DUOYUAN YANJIU
信息化时代高校英语教学理论与方法的多元研究

著：王　芳
责任编辑：朱　玲
封面设计：雅硕图文
开　　本：720mm×1000mm　1/16
字　　数：160 千字
印　　张：9
版　　次：2022 年 11 月第 1 版
印　　次：2022 年 11 月第 1 次印刷

出　　版：吉林出版集团股份有限公司
发　　行：吉林出版集团外语教育有限公司
地　　址：长春市福祉大路 5788 号龙腾国际大厦 B 座 7 层
电　　话：总编办：0431-81629929
印　　刷：涿州汇美亿浓印刷有限公司

ISBN 978-7-5581-8095-8　　定　价：50.00 元
版权所有　侵权必究　举报电话：0431-81629929

前　言

英语是世界人民通用的语言，利用英语，人们可以顺畅地交流。中国自实施改革开放政策之后与世界人民的交流也越来越频繁，英语就是交流的主要工具，因此，中国政府十分重视英语教育，将英语教育纳入基础教育与高等教育体系中。但长期以来的英语教育已经固化，许多教学理念、内容与方法等都变得比较陈旧，这也让中国英语教学陷入了停滞发展的境地。高校英语教学也不可避免地为整体的英语教育氛围所影响，英语教学质量并没有获得显著提高，甚至许多学生反而厌倦了英语的学习。鉴于此，高校应该积极地做出改变，尤其是英语教师，应该挺身而出，不断总结英语教学经验，吸收国内外更为先进的英语教学理念，从而探索出更多的英语教学方法。

信息技术与高校英语教学的结合就是高校英语教学的一条出路，二者的结合使高校英语教学方法体系变得更加丰富，许多新颖的教学方法在很大程度上提升了高校英语教学的质量与效率，更是极大地激发了学生学习英语的热情。尤其是翻转课堂、移动课堂等新颖的形式让学生见识到了英语教学新的天地，让他们能随时随地地学习，因而其也会更加积极地参与英语教学活动，更加积极地完善自己的学习计划，培养自己良好的学习习惯。

这里还需要指出的是，信息技术在高校英语教学中所担任的是辅助性的角色，它只促进高校英语教学的发展，英语教师不能将其看作是英语教学信息化发展的重点，而是应该将所有注意力放在英语教学上。信息技术为学生提供的是一种更加轻松的环境，是一种更加高效的工具，能间接对学生的学习行为产生影响，而要使学生的学习质量真正得以提高，就需要英语教师充分利用信息技术不断激发学生的学习积极性，使其不断挖掘自身学习的潜能。

基于信息时代高校英语教学变革的必要性以及信息技术在高校英语教学中所发挥的积极作用，作者在总结前人优秀研究成果以及自身丰富教学经验的基础上，对信息化时代高校英语教学理论与方法的多元问题进行了探究。本书共分为六章。第一章介绍了高校英语教学基础知识，主要包括高校英语教学的内涵、要素、要求、原则，同时还分析了高校英语教学的影响因素、现状与发展趋势。第二章归纳了信息时代高校英语教学理论，主要有信息化教学理论，建构主义理论，信息技术与英语课程整合理论。第三章到第六章具体论述了信息时代高校英语教学方法的多元问题，主要从翻转课堂、移动课堂、混合式教学、慕课、智慧课堂、网络直播几个方面具体展开。

信息技术让高校英语教学迎来了发展的机遇，同时也使其遭遇到了挑战，如何迎接挑战，利用机遇，将是学界与教育界应该考虑的问题。作者对信息时代英语教学理论与方法问题的探究恰恰符合当前英语教学变革的需求，不过，由于时间仓促以及作者水平有限，书中不少观点可能存在不当之处，恳请各位读者批评指正。

目 录

第一章 高校英语教学概述 … 1
第一节 高校英语教学的内涵解读 … 1
第二节 高校英语教学的要求与原则 … 7
第三节 高校英语教学的影响因素解析 … 15
第四节 高校英语教学的现状与发展趋势 … 19

第二章 信息时代高校英语教学理论探究 … 26
第一节 信息化教学理论 … 26
第二节 建构主义理论 … 32
第三节 信息技术与英语课程整合理论 … 38

第三章 翻转课堂"走"进高校英语课堂 … 47
第一节 对翻转课堂的基本认识 … 47
第二节 翻转课堂发挥的积极作用与常见问题 … 52
第三节 基于翻转课堂的高校英语教学方法变革基本探究 … 58
第四节 翻转课堂在高校英语教学中的应用 … 64

第四章 构建高校英语移动课堂 … 70
第一节 移动课堂概述 … 70
第二节 移动课堂理论基础——移动学习理论 … 74
第三节 高校英语移动课堂教学模式构建 … 82
第四节 微信成为高校英语移动课堂教学的重要平台 … 86

第五章 高校英语混合式教学方法研究 … 91
第一节 混合式教学概述 … 91
第二节 高校英语混合式教学方法体系构建 … 95
第三节 混合式教学方法在高校英语教学中的应用 … 102
第四节 高校英语混合式教学方法的优化 … 107

第六章　信息时代高校英语教学其他教学方法研究…………………… 113
    第一节　慕课融入高校英语教学………………………………… 113
    第二节　智慧课堂融入高校英语教学…………………………… 119
    第三节　网络直播助推高校英语教学…………………………… 126

参考文献……………………………………………………………… 135

第一章 高校英语教学概述

时代已经进入发展与融合的新时期，知识经济的全球一体化趋势日益明显，在国际的交流日益频繁的背景之下，中国高校英语教学也在不断地发展和完善。但在取得一定成绩的同时，中国高校英语教学的确也存在一些问题，面对各种新情况，怎样突破高校英语教学发展的困境，是高校应该要考虑的问题。本章对高校英语教学基础知识进行了分析与解读。

第一节 高校英语教学的内涵解读

一、英语学科的地位与价值

（一）英语学科的地位

随着我国加入WTO、成功举办奥运会、成功申办世博会等，目前我国社会上出现了"全民学英语"的空前盛况，国人这种融入全球化的心情使"英语化"急剧升温。2001年，中国决定从小学三年级起将英语作为必修课，有条件的地区更是从小学一年级开设英语课程。甚至有人预言，20年内中国的英语使用者人数将超过全世界母语为英语的人数，英语经济价值具有广泛的意义。英语已经不再是一门外语，而是迅速地成为一种近似于普遍适用的基本技能的东西。

在全球化的趋势带动下，教育也变得日益国际化，面向世界。国际化，强调的是使教育能够适应全球化的发展，能够培养出国际化人才。这就要求当今教育要紧跟全球化时代的发展，结合跨文化交际的需求，不断将学习者培养成国际化人才。同时，全球化时代使得世界各国之间有了更多的交流与合作。无论是交流，还是合作，都需要外语这一媒介。世界各国也意识到单靠母语是无法实现跨文化交际的，必须培养学习者的外语能力。在此基础上，世界各国还应该注重学习者国际化理念的培养。随着中国综合国力的增强，中国在国际上的影响力也越来越大，中国也应该注重外语的国际化教育，从而不断培养优秀的国际化外语人才。

国际化外语人才的培养直接影响着中国在国际上的竞争力，影响着中国与世界各国之间的经济合作、文化交流和贸易往来，也关系着中国能够是适应当今全球化时代的发展。可见，国际化外语人才培养问题已经成为中国教育界不可忽视的问题。中国教育必须注重外语教育，积极开展一些外语教育实践，真正提高外语人才的水平，从而不断增强中国的竞争力，促进中国的教育改革，使中国在国际上发挥更加重要的作用。

可以说，中国在全球化的发展中需要更多实用型、创新型外语人才。外语人才培养需要外语教育的支持。中国必须意识到外语教育的重要性，并在改革和创新外语教育的过程中培养更多的优秀外语人才。同时，外语教育的革新，外语人才的培养，都需要外语师资力量的支持。因此，教育部门也应该注重外语师资力量建设，从而不断为外语教育的发展以及外语人才的培养提供保障。

随着信息技术的不断发展，教育信息化也在不断发展。在教育信息化的影响下，世界各国对英语这一媒介的关注度越来越高。从国家层面而言，一个国家要想在国际上立足，就应该充分发挥英语这一工具的作用，从而不断提高自己的国际地位和国际影响力。从个人层面而言，一个人要想在全球化时代不断发展，要想成为国际化英语人才，也必须重视英语这一媒介的学习。由此可见，无论是从国家层面而言，还是从个人层面而言，都应该重视英语这一课程的开展，这是21世纪的教育不能忽视的课程之一。

传统的外语教育通常只注重外语基础知识的讲解，使学习者能够用外语来表达和翻译。随着全球化的发展，外语教育不仅要注重基础知识和学习者语言表达，还要注重在多元化时代中学习者的跨文化交际能力。更为重要的是，外语教育要引导学习者运用信息化和网络化技术进行创新学习，使学习者能够适应当今时代的发展。

纵观中国教育的不同阶段，无论是义务教育阶段，还是高中阶段，抑或是大学阶段，都将英语作为一门重要的课程，这些都足以体现英语学科的重要性。随着经济、文化的发展，世界各国之间的交往越来越频繁，外语的重要性不言而喻。这也是外语受到世界各国关注的重要原因之一。

此外，外语在当今教育中起着重要的作用。学习外语能够促进跨文化交际人才的培养，能够适应当今时代对英语人才的需求，同时还能够促进世界各国的交流与合作。① 基于此，世界各国高度重视外语教育，并在各个不同的阶段开设英语课程，以促进外语人才的发展。

综上所述，英语教育在各个教育阶段都起着重要的作用。英语在世界各国之间的交流中也发挥着不可替代的作用。英语教育主要是对学习者英语应用能力和交际能力进行训练和提升，它有利于激发学生学习英语的兴趣，挖掘学生的英语潜能，使学习者能够主动地学习英语。需要指出的是，英语课程是教育的重要组成部分，它应该结合素质教育理念对学习者进行教育。在这一过程中，教育者要注重调动学习者学习英语的欲望，注重学习者自主学习能力的培养，还要注重英语学习实践。同时，教育者还应该结合英汉文化，通过比较分析的方式，使学习者能够更加全面的认识中国文化和西方文化，了解中西文化差异，从而不断促进学习者的全面发展。总之，跨文化时代的到来，给英语教育和英语学习者提出了更高的要求。教育者应该不断改革英语教育理念，采用各种不同的方式对学习者进行英语教育和跨文化教育，使学习者能够在学习英语理论知识的基础上提高自己的跨文化交际能力，从而满足跨文化交际时代对英语人才的需求。

(二) 英语学科的价值

什么是英语学科的教育价值？在理清这个问题前，我们必须明白什么是"价值"。"价值"是哲学中的一个核心概念，它反映了人的追求，强调了人性化的作用。马克思将"价值"定义为揭示外部客观世界对于满足人的需要的意义关系的范畴，是指具有特定属性的客体对于主体需要的意义②。价值的本质就在于客体对于主体来说的合目的性，也就是客体符合主体目的的一种肯定意义。所谓教育价值，是指作为客体的教育现象的属性与作为社会实践主体的

---

① 蔡红梅，潘景丽，童彦. 中小学英语教材分析与教学设计 [M]. 武汉：湖北教育出版社，2014：2.

② 马兆俐. 马克思主义基本原理概论要点提示与案例解析 [M]. 咸阳：西北农林科技大学出版社，2017：135.

人的需要之间的一种特定的关系，对这种关系的不同认识和评价就构成了人们的教育价值观。

价值，作为一种关系范畴，它的出现几乎与人类社会有着同样长远的历史。教育，作为人类社会特有的一种实践活动，从它产生的时候起，便具有了价值；并且，随着人类社会的发展和教育自身形式的不断完善，其价值也愈来愈大。教育价值的客观存在使人类的教育实践活动朝着人们理想的目标发展，使教育在人类历史进程中不断满足日益发展着的社会和人自身的需要。对应"价值"的概念，不难看出，英语学科教育的本质就是以学生发展为目的，其价值主要以是否合乎学生发展的目的以及合乎的程度来评判。换言之，英语教有活动的价值，主要表现为英语教育活动对于受教育者全面发展目的的满足。

长久以来，说起英语课，许多人的反应只是对一门外国语言的学习与了解，期望通过英语的学习达到与他人沟通的目的，属于语言技能的学习。这样的学科价值取向，导致在教学实践中，我们的英语教育普遍出现了人文素质与语言能力培养"断裂"的状况。但事实上，英语作为一门课程，对学生而言远不止于此，更多的是以语言为载体，与他人沟通交流，了解外国文化。帮助学生全面健康地成长。在全民学英语的今天，英语教育对英语学习者的社会适应和未来发展究竟有何价值？学校开设英语课程，最为重要的目的是引导学生学习英语相关的知识，提高学生运用英语的能力，同时还要陶冶学生的情操，培养学生丰富的情感、积极的态度和正确的价值观。换言之，从学生全面发展的角度来看，英语学科的教育价值主要包括以下三个方面：语言能力发展、态度情感发展和个体成长。

1. 促进学生的语言能力发展

在学生语言能力发展方面，英语教育家斯宾塞（Herbert Spencer）曾指出，"获得任何一种东西有两项价值，作为知识的价值和作为训练的价值。获得每一种事实的知识，除了用以指导行为外，也可以用来练习心智；应该从这两方面来考虑它在为完满生活作准备时的效果。"[①] 这里的知识的价值，实质上指的就是知识的应用价值。因此，应十分注重英语的实用价值，充分肯定英语作为语言交流沟通工具的重要作用，重视知识的实用价值，改变过去那种"学非所用""用非所学"的做法，切实注意从发挥知识的实用价值角度，引

---

① ［英］赫伯特·斯宾塞. 斯宾塞的快乐教育［M］. 颜真，译. 福州：海峡文艺出版社，2010：22.

导学生牢固地掌握基础知识、基本技能技巧。具体来说，英语学科教育要求学生达到：

（1）具备英语听、说、读、写的语言能力；

（2）能在听或读中克服生词障碍，理解大意，获取准确信息；

（3）能就比较广泛的话题同他人（包括英语国家人士）进行初步交流；

（4）能用英语描述和表达个人意见，同他人交流思想感情；

（5）能在阅读中运用阅读策略获取所需的信息；

（6）能写有关日常生活中常见问题的作文。

2. 培养学生的情感态度

在学生态度情感发展方面，英语课程还具有促进学生认知世界、感知生活的认知价值。学校应注重引导学生在接受英语知识的过程中，通过一定的活动方式去获得人类沉淀下来的历史经验、认识成果，并将这些认识成果内化在自己的知识结构之中，逐步形成认识新事物的能力，从而在已知世界和未知世界之间架起一座桥梁，使新生一代站在前人认识基础之上去进行新的探索，从更广阔的社会背景去理解英语课程的学习。具体来看，英语学科教育对学生的要求是：

（1）具有使用英语进行交际的意识并乐于实践；

（2）具有较强的学习能力，能解决学习中遇到的困难；

（3）能与他人合作，完成学习任务；

（4）具有较强的接受外来文化的意识，了解中外文化的基本差异。

然而，在我国目前高中英语教育中，有相当一部分教师对英语教育价值的选择还停留在"传递知识"上，至于认识范围以外的认知价值则很少涉及。因此，这就需要教师对自己的英语教学实践作批判性的反思，找出自己教学行为、言语背后深藏的教学价值观，认识这种价值观的问题所在；探讨新的课堂教学价值观的依据及合理性，进而在头脑中重建高中英语教育价值观，并在自己的教学实践中有意识地、持久地去实现。

3. 促进学生的个体成长

随着时代的发展，英语对学生的影响也越来越大，具有促进学生全面健康成长的发展价值。所谓发展价值，是属于知识教育价值的高层次，它主要是指在认知基础上对学生整个精神世界全面发展的促进作用，主要包括道德情感、创造精神、审美能力、和谐人格等方面的发展。教育的全部意义和价值不能仅仅局限于人的自然素质的培养、开发，而是超越自然素质，进而塑造个体精神，促进个体在社会生活中具备充沛的精神力量和实践能力。

目前在我国，不管是考试、升学，还是找工作，英语水平都已成为一项重要的考核指标。对于那些有意出国学习或定居的人而言，英语更是必须跨过的第一道门槛。而飞速发展的信息时代也充溢着大量的有用信息，要跟上时代脚步，开阔视野，纵横网络，必须掌握英语这门通用语，通过与他人（尤其是外籍人士）交流等方式获得自己需要的知识信息。此外，通过许多有趣生动的英语歌曲、电影、书籍、电视节目，人们也可以更多地了解外国文化，从而感受掌握另一门语言的学习乐趣。在不断学习、认识、感知世界的过程中，丰富自己的精神世界，成长为一个身心健全的人。

二、英语教学的属性

英语教学的属性可从以下四个方面进行论述。

1. 属于语言教学

英语是一种语言，英语教学自然是对这一门语言的教学。所以，英语教学属于语言教学。

2. 属于外语教学

英语是学校课程设置中的外语学科的主要语种。所以，英语教学属于外语教学。

3. 属于能力

教学对中国英语学习者而言，英语教学是以英语知识教学为基础的、培养运用英语的能力的活动，其目的是培养运用英语的能力。

4. 属于文化教学

英语不仅仅是一门语言，而且是以英语为母语和工作语言的人类群体的文化的重要内容，还是这些文化的载体，甚至是世界文化的重要载体。可以说，英语教学从一定程度上来说就是文化教学。换句话说，各民族在长期的历史发展中形成的各具特色的文化必然会反映到语言中来，并对语言教学产生重要的影响。对中国英语教学来说，只有充分重视并认真研究英汉文化及其差异，并将其贯彻到英语教学的实践中去，才能切实提高学生对英语的运用能力，才能帮助他们更顺利地与外国人进行沟通与交流。

三、界定高校英语教学

由于英语是我国的第二外语，因此英语学习者缺乏一定的语言使用环境，这也对英语教学提出了难题。可以说，英语教学能够直接影响学习者的英语水平和语言运用能力。

高校英语教学是一种教育活动。对教师而言，教学是引导学生学习的教育活动；而对学生来说，教学则是在教师的引导下学生进行的学习活动。教学是一个师生互动的过程，是教师教和学生学的双边统一的活动。具体来说，高校英语教学的内涵主要体现在以下几个方面。

（1）高校英语教学是有目的的活动。英语教学的不同阶段有着不同的目标，而教学目标又具体分为不同的领域与层次。

（2）高校英语教学具有系统性和计划性。系统性主要体现在其制定者主要为教育行政机构、教研部门和学校的教学管理者等。高校英语教学的计划性指的是对英语基础知识的计划性教学，如英语语音、词汇、语法、写作、阅读等具体知识和技能的传递。

（3）高校英语教学需要采取合理的教学方法和教育技术。高校英语教学经过深厚的历史积淀，形成了大量有效的教学方法。现代科学技术，尤其是信息技术的发展，为高校英语教学提供了可以借助的多种教育技术。

综上所述，高校英语教学主要是指教师结合教学目标，更新教学理念，采用现代教育理念，运用多种教学手段，使学生掌握英语知识、提高英语技能的活动。

第二节　高校英语教学的要求与原则

一、高校英语教学的要求

英语教学的最终目标就是培养优秀的英语人才。在英语人才培养过程中，教师要结合英语教学目标，明确英语教学的要求，这样才能选择合适的内容，采取正确的方法。不同的高校对英语教学也有着不同的要求。

(一) 一般要求

一般要求通常是对学生英语各项能力的最基本要求。下面主要从以下几个方面进行论述。

1. 听力理解能力

在一般要求中,教师对学生的听力理解方面的要求都是最基本的。具体而言,一是要求学生的学习和掌握最基本的英语听力方法;二是要求学生能够听懂教师的话语;三是要求学生在日常交往能够听懂一些常用的英语词汇和句子;四是要求学生通过听一些速度比较慢的广播,并分析广播中的思想和意图。

2. 口语表达能力

在一般要求中,教师对学生的口语表达能力也提出了一定的要求。具体而言,一是可以结合已学知识进行简单的日常交流;二是可以围绕某一英语主题表达自己的看法,并与其他学生一起分享和交流;三是可以对某一熟悉的事物运用正确的语音、语法进行简单描述;四是能够根据交际的内容,使用基本的交际技巧,从而保证交际的顺利进行。

3. 阅读理解能力

教师对学生的阅读能力和理解能力也提出了一定的要求。具体而言,一是能够以70个单词/分钟的速度完成简单英语阅读材料的精读,明确这篇阅读文章的主旨和要表达的思想、情感;二是能够完成有一定难度的英语材料的快速阅读,同时要求阅读速度是100个单词/分钟;三是能够借助专业工具书阅读一些较为专业的英语期刊和杂志,了解这些阅读材料的主题思想;四是能够对常见的应用文体进行阅读和分析,知道这些文体的思想和主旨;五是能够通过阅读摸索一些阅读技巧,并在阅读实践中对这些技巧进行合理运用。

4. 书面表达能力

在一般要求中,书面表达能力也是有一定要求。具体而言,一是可以结合自己已学的英语知识进行一般性写作,并能够在规定的时间内完成这一任务;二是可以通过写作将自己的所见、所闻、所感表达出来;三是能够以书面形式完成单词数在120以上的英语写作,且写作时间不能超过30分钟;四是能基本将要表达的内容表达完整,突出主体思想,语句较为通顺、连贯;五是能够在写作过程中不断学习的写作知识,提高写作技能。

5. 翻译能力

翻译能力也要满足一般要求。具体而言，一是能够通过学习对简单的、熟悉的句子进行翻译，即包括英汉翻译，也包括汉英翻译；二是要求英汉翻译的速度要快于汉英翻译的速度；三是译文基本无明显语法和搭配问题；四是基本没有篇章结构不连贯、不符合逻辑等问题。

(二) 较高要求

较高要求是在一般要求的基础上提出的。较高要求要比一般要求高一些。具体从以下几个方面对其进行分析。

1. 听力理解能力

在听力理解能力方面，较高要求具体包括：一是在英语对话中能够理解对方谈话的内容，理解英语讲座的内容；二是能够在听广播的过程中捕捉广播中英文的中心思想；三是注重听力理解中语速的提高，通常情况下，听力语速要在150个单词以上；四是听懂听力材料的主旨，捕捉听力材料中重点和难点内容；五是在专业课程课堂讲解中学生能够将这一专业课程的思想和重点听明白。

2. 口语表达能力

在口语表达能力方面，较高要求具体包括：一是可以围绕一般性主题进行较为流畅的表达；二是能够将自己的情感、思想用一些基本的表达方式表达出来；三是能够对日常生活和日常学习中的事实进行基本描述；四是在表达过程中能够基本保持语音、语法、语调的规范性和正确性。

3. 阅读理解能力

在阅读理解能力方面，较高要求具体包括：一是可以对英美国家的英语杂志、报刊中一般性的材料进行阅读，且能够读懂这些的阅读材料的大致意思；二是语速相对于一般要求，也有一定的要求，即单词个数不少于70个/分钟；三是能够尝试一些难度较大、篇幅较长的文章，同时在阅读过程中能够以120个单词/分钟的速度进行；四是可以选择一些专业性的文献进行阅读，阅读时应该结合自己已学的知识对这些文献进行分析，捕捉到这些文献的重点。

4. 书面表达能力

在书面表达能力方面，较高要求具体包括：一是可以用英语书面形式就一般性主题表达自己的想法；二是可以书写专业论文和论文摘要；三是对于一些图表反映出来的问题，能够用英语书面语言进行描述；四是创作英语文章，单词数量要超过 160 个，同时，时间不能超过 30 分钟；五是作文内容完整，句子连贯，主题突出。

5. 翻译能力

在翻译能力方面，较高要求具体包括：一是可以从所学专业中选择一些资料和信息进行翻译；二是借助翻译工具对大众性杂志、期刊上面的文章进行翻译；三是在一般性要求的基础上不断提高翻译速度；四是译文连贯、易懂，可以将想要表达的内容即使表达出来；五是翻译出来的句子在语法、结构、逻辑等方面的问题都明显少于一般性要求；六是能够根据具体的翻译材料，选择各种不同的翻译策略和方法。

（三）更高要求

在一般要求和更要求的基础上，高校英语教学还存在更高的要求。下面对这一要求进行系统论述。

1. 听力理解能力

在听力理解能力方面，更高要求具体包括：一是对广播中的英语材料能够基本听懂；二是通过阅读能够掌握材料的主旨和思想，明确材料中的重点知识和难点知识；三是在跨文化交际中，可以听懂英语使用者的正常表达，并能够与其进行正常交流；四是专业英语课程教学中能够听懂专业知识，与可以听懂一些专业讲座。

2. 口语表达能力

在口语表达能力方面，更高要求具体包括：一是围绕专业话题进行交流，表达自己的看法；二是通过阅读一定难度的阅读材料来提高自己的概括能力和语言表达能力；三是在一些专业交流会中，可以将自己的观点表达，并针对专业交流中的一些问题进行讨论和互动。

3. 阅读理解能力

在阅读理解能力方面，更高要求具体包括：一是在阅读一定长度和难度的阅读材料时，可以读懂阅读材料中的大致意思，捕捉到阅读材料的主旨；二是阅读一些专业性很强的学术文章，并能提出自己的观点；三是针对比较难的英语专业文献，也能较为准确地理解文章思想和内涵。

4. 书面表达能力

在书面表达能力方面，更高要求具体包括：一是可以运用已学英语知识和语法知识进行写作，特别是英文报告的创作；二是可以根据自己的真实情感和想法用英语书面语言的形式进行表达；三是说明文这一文体写作的单词数量也是有要求的，即要超过 200 个，写作时间也不能超过 30 分钟。

5. 翻译能力

在翻译能力方面，更高要求具体包括：一是可以借助一些翻译工具，从专业英语中报刊中的选择一些较难的专业性文献；二是选择描述中国政策、国情或文化的文章进行翻译；三是译文基本上不存在错误，内容完整，结构也很清晰。

上述英语教学的要求，主要是针对本科学生而言。不同的高校有着不同的发展目标，对英语教学的要求也是不一样的。但很多高校可以结合本校学生的学习特点，结合本校的综合条件，有针对地对英语教学的要求进行调整。在调整过程中，教师一定不能忽视学生听力和口语能力的培养。

二、高校英语教学的原则

（一）兴趣性原则

兴趣是最好的老师，是推动学生学习的最强有力的动力。学生只有对学习充满兴趣，才会积极探求事物，兴趣是推动学生认识事物，探索知识，探求真理，从中体验学习情趣的推动力。所以学习兴趣是主要是在学习活动和教学活动中产生的。学习兴趣与学习动机有着紧密的联系。要想提高学生的学习动机，就可以从学生学习兴趣的激发入手。

学习兴趣是影响学生学习英语的重要因素。如果学生对英语没有兴趣，就不会主动学习英语。因此，教师在英语教学中。应该重视兴趣的巨大作用，在英语教学中充分发挥信息技术在英语教学中的作用，运用各种不同的教学手段，将学生学习英语的兴趣激发出来，真正使学生愿意学习英语、主动学习英语，以获得更好的教学效果和学习效果。

为了激发和培养学生学习英语的兴趣，应该做到以下几点。

1. 教师要充分了解学生的特点，尊重学生的主体性

学生是英语课堂的主体，教师在教学过程中要从学生的心理、生理特点出

发，重视学生学习语言的优势，遵循语言学习规律，采用多种教学方式，培养学生对英语学习的兴趣，让学生通过体验、实践进行学习，形成语感，提高交流能力。

2. 挖掘和收集学生对教材中感兴趣的内容，并以此设计教学活动

教材是英语教学的核心，教师在备课中要认真地研究教材，挖掘教材中学生感兴趣的内容与话题，使每节课都有让学生感兴趣的内容和活动，以最大限度地调动学生的积极性。在英语课堂教学中模拟日常生活中的交际形式，也是提高学生兴趣的一种重要方式。教师可以尽量把日常生活中的交际形式，如日常生活里常见的打招呼，对人、物、画面的介绍等搬到课堂上，为学生在日常生活中使用课上所学的英语创造条件。生活里常见的交际形式在课堂教学中熟悉了，学生用英语进行交际的能力就会逐渐提高。

3. 改变死记硬背、机械操练的教学方式以及传统的英语测试方式

英语学习需要一定的死记硬背和机械操练的活动，但是如果机械性操练太多、太滥，则很容易导致课堂教学的死板与乏味，容易使学生失去或者降低学习英语的兴趣。为此，教师应该科学地设计教学过程，以学生感兴趣的方式帮助学生获取知识。加速知识的内化过程，有利于学生提高语言技能和语言运用能力，有利于将英语知识应用于英语实践中，有利于发挥英语交际工具的作用。这样，学生在获得交际能力的同时，综合素质也会得到相应的提高，学生的学习兴趣才会得到巩固与加强。另外，应试教育是学生学习兴趣的最大杀手。教师应该改变传统的英语测试方式，综合运用各种不同的评价方法，将学生的日常表现体现出来。

4. 增强师生交流

实践表明，一个学生对某一门课程的喜欢与否，往往取决于他对该授课老师的态度。学生来自于不同的家庭与环境、不同的背景，有不同的性格特征，教师可以通过各种形式与学生进行交流，与学生交朋友，赢得学生的尊重与喜欢，从而使学生愿意向教师倾诉，与教师交流。教学是师生互动的过程，课堂上的知识传授和技能培养总是伴随着学生的情绪进行的。好的情绪转到学习中就会变为一种兴趣和动力。教师要意识到严格要求的重要性，并不断制定一定的制度严格要求学生。同时，教师还可以根据实际情况，创设良好的学习环境，通过一个眼神、一个手势、一个微笑、一句赞许的话去影响学生。此外，教师要实时监督学生的学习情况，对学生在学习中取得的进步，要及时肯定和

表扬，这样就会给学生的学习提供动力，使学生对自己的学习有信心，同时也是师生交流的一种方式。

(二) 以学生为中心原则

在课堂教学中，教师是主导，学生是主体，二者相互协调、相互配合，教学质量才有保证。教师熟悉教学内容，了解有效的学习方法和学习途径。在教学过程中，教师必须以学生为中心来发挥自己的指导作用，为学生创造学习条件，随时给学生提供帮助，提高学生学习英语的热情。总而言之，教师所采用的教学理念、教学方法、教学手段等都应该以学生为中心。

教师的主导作用在于帮助学生加速学习进程。在学生遇到困难的时候，教师要及时给予帮助，使学生的困难得以及时解决；当学生面对困难不知所措时，教师要及时引导，使学生找到解决困难的办法；看到学生愿意接受学习任务且跃跃欲试时，教师应该给予学生更多的锻炼机会；看到学生的学习情绪不高时，教师要及时给予鼓励，提高学生的学习热情；看到学生在学习上取得成绩时，教师要及时提出更高的要求，使学生始终保有目标，继续努力。想要真正地做到以学生为中心就要在以下几个方面作出努力。

1. 制定切实可行的教学方案

教学方案是各项教学活动顺利开展的依据。以学生为中心要求教师需根据学生的语言接受水平和语言运用能力来制定合理的英语教学目标、教学任务、教学计划、评定方法等方案。如果教学方案本身不具体可行性，教学效果的提升和学生学习的进步都无从谈起了。

2. 认真分析教材，认真备课

教师在对教材进行分析时，应对教学内容进行充分的理解和把握，根据学生所处的不同阶段的实际情况与自己学生的学习能力来调整教学目标和教学任务，把教材内容变成问题的链接和师生对话的中介，使教材实现为取得教学效果所用的目的。教师在备课时要考虑到学生的实际情况。在教学活动设计中，教师要充分了解学生的实际学习情况。学生学习情况的了解有很多途径，最为常见的途径随堂测试、提问、课后作业等。通过这些手段获得一些数据，教师可以据此做出针对性的调整；教师还可以根据学生的具体学习习惯、学习策略等对教学活动进行设计和调整。此外，教师在备课过程中要善于换位思考，根据教学目标和教学经验积极预测可能出现的教学活动。

3. 教学方法和教学手段

以学生为中心原则要求教师的教学方法和教学手段必须多元化。直观的教具可以刺激学生的感官，学生通过视觉、听觉等加强了对知识的记忆。形象化的教学手段，如幻灯片、投影、模型等都可以将知识直观的展示出来，使学生在一种轻松愉快的氛围中学习语言。除此之外，实施以学生为中心原则，要求教师根据学生的特点，灵活选用教学方法和手段。不同的教学手段具有不同的效果和作用，教师应合理利用这些教学手段，将其作用最优化。除此之外，教师还应对学生在学习过程中的表现做出适当且及时的评价，使学生能够改正自己的缺点，弥补自己的不足。教师要在教学中通过各种方式来加强师生之间的沟通。具体来说，教师要注重与学生之间的平等性和互动性，将学生看作朋友，尊重学生的想法，与学生进行平等的沟通和交流的。同时，教师应该提高自己的语言艺术，运用趣味性、幽默的语言能够调动学生学习英语的积极性，促进双方沟通的顺利进行。

（三）循序渐进原则

大学英语教学中的循序渐进原则包括以下三层含义。

1. 学生在学习语言时应从口语开始，然后逐渐过渡到书面语。首先，英语包括口语和书面语两种形式，从语言发展的历史来看，先有口语后有书面语。

2. 在英语语言技能培养方面，教师不能急于求成，而应该在听力和口语的基础上进一步学习阅读和写作技能。听说读写是英语的四项基本技能，应该全面发展，但是，由于中国的大部分学生缺少英语的语言环境，听便成了他们获取英语知识和纯正优美的语音语调的唯一途径。另外，听说教学还能使学生学到基本的词汇和基本的句子结构，从而为读写能力的培养奠定基础。

3. 英语能力的提高不是一次性完成的，而必须要循环往复，逐步深化，是一个螺旋式发展的过程，需要进行多次的循环。但这种循环不是单纯的重复，每一次重复都是以旧带新，从已知到未知，都在前一次学习的基础上在深度和难度上有所提高。

（四）巩固性原则

语言学习最大的难点就是遗忘，因此教师在教学过程中要不断加强学生对语言的巩固，即巩固学生在学习中已经学习过的英语知识和技能。具体来说，就是要求学生的外语基础知识牢固,能够熟练地运用英语进行交流和学习。每上一节课教师就应该让学生明白所讲的内容,即应该懂的是不是懂了,应该会的是不是会了,应该记住的是不是都记住了。学生不能不懂装懂,教师更不能不管学生能否接受而一味地讲授新知识,要在学生充分理解所学内容的基础上进行知识的深化和整合。

第三节 高校英语教学的影响因素解析

一、教师因素解析

教师是大学英语教学的重要因素,在英语教学中起着主导作用。在英语课堂上,教师主要充当两种角色,即掌控者和引导者。作为一名合格的英语教师,首先应该具有纯正的发音。然而并非所有的英语教师都具有纯正的发音,所以教师可借助广播、网络等手段来弥补自己的不足,确保学生在课堂上所听的语言都是纯正的。同时,教师在讲解单词、句子、课文时,应该穿插一些解释,对难懂的词语要不断重复。

在多数英语课堂上。教师的讲话占据课堂时间的大部分,不可否认,教师的讲话有利于学生的语言习得,但也不能因此牺牲掉学生的练习时间。同时,教师还要注意不断变化教学的形式,以增强课堂的趣味性。一个合格的英语教师还应具有一定的应变能力,能预测课堂活动中出现的状况,能很好地处理课堂上的突发事件,确保课堂活动的有序开展。

此外,教师应该随时调整自己的提问方式、语言运用、提供反馈的方式。在英语课堂中,提问是教师常用的一种教学手段。通过提问,可以有效激发学生的学习兴趣,促使学生积极思考,帮助教师诱导某些知识结构。另外,语言运用的方式也很重要,为了让学生对所讲述知识有一个充分的了解,教师在教学中可以采用重复话语、降低语速、增加停顿、改变发音、调整措辞、简化语法规则、调整语篇等措施。

二、学生因素解析

（一）学生的角色

英语教学应面向全体学生，为学生全面和终身发展奠定基础，以学生学习方式为核心，强调对学生学习愿望、学习习惯和学习能力的培养，倡导学生培养积极主动的学习方式，关注学生自我评价、评价激励、反馈和调整功能。教学中学生所扮演的角色主要有如下几个。

（1）主人

学生是英语教学的重要组成部分，也是教学活动应该注重的主体。教师要明确学生的主体性地位，鼓励学生分析、探索、吸收和内化等实践，不仅有助于学生逐步构建自己的知识体系，而且有利于提高学生学习的主动性，使学生能够更加积极地学习英语。

（2）参与者

教师在大学英语教学中应激发学生的学习兴趣，激发学生的参与积极性，让学生乐在其中。在学习过程中，学生应充分思考，积极参与，表达观点，展示个人才能，保持浓厚的学习热情。

（3）合作者

英语学习是在师生、生生之间进行的，学习过程也是团队合作的过程。学生在学习中互相学习，彼此促进，共同提高。协商与互助使每个人都能感受到集体的力量和团队合作的精神。

（4）反馈者

在大学英语教学中，学生会根据自身的学习经历以及教学法的适用性向教师提出建议，协助教师就相关问题改进和完善教学内容和教学方法，以此促进英语教学。

（二）学生的个体差异

不同的学生在很多方面存在着很大的差异。教师要想完成育人的目标就应该注重学生的个体差异。学生的个体差异，尤其是学习动机、学习兴趣、学习情感等方面都是不同的。基于此，教师要注重学生的个体差异，将学生的个体差异融到教学目标和教学计划的制定中，选择多种教学手段，真正发挥每个学生个体差异的优势，从而促进英语教学的发展。

三、教学内容因素解析

教学内容是学生认识和掌握的主要对象，是教师和学生进行教学活动的重要依据。没有教学内容，教学活动就无法进行。根据教育目标，选择并确定教学内容，研制课程计划、课程标准，编制教科书，在教学过程中发挥师生的主动性，活化教学内容并使学生有效掌握，是保证高质量人才培养的重要前提。可见，教学内容也是影响英语教学效果的重要因素。归纳起来，英语教学的内容主要包括以下几个方面。

（1）语言知识

语言知识是综合英语运用能力的有机组成部分，也是语言学习和语言运用的重要内容之一。没有扎实的语言知识作为基础，就不可能掌握较强的语言能力。

（2）语言技能

学生在学习和运用语言时必备的四项基本语言技能主要是听力、口语、阅读、写作。这四项语言技能是学生学习英语必须具备的四项能力，也是学生英语综合能力提升的重要保障。因此，在英语教学中，教师要注重语言技能教学，使学生意识到语言技能的重要性，为学生提供多样化的语言技能实践活动，从而帮助学生更加熟练地掌握语言知识。

（3）学习策略

英语的学习策略包括认知策略、调控策略、交际策略和资源策略等。学习和培养正确的学习策略能够在很大程度上激发学生英语学习的欲望，使学生能够选择恰当的方式进行学习和思考，这些学习策略还能促进学生树立终身学习的理念。同时，还能提升英语学习效果，减少学习潜能偏低或智力发育迟滞学生的学习困难。教师在英语教学中要有意识地讲解一些英语学习的策略，使学生能够掌握和运用这些学习策略。在运用这些策略的过程中，引导学生不断思考、不断反思、不断总结，培养学生根据学习风格不断调整学习策略的能力，并引导学生学会观察他人的学习策略，同时通过与他人交流学习体会，尝试不同的学习策略。

（4）文化意识

文化意识是高校英语教学的重要内容。了解中西文化，不仅有利于英语文化的学习和掌握，也有利于本民族文化的理解和掌握，还有助于学生提高人文素养，培养世界意识。英语学习离不开对英语所代表和负载的文化的了解。因此，教师要明确文化意识的重要性，并不断将文化意识与英语教学有机结合，根据学生的实际学习情况，给学生讲述不同的文化知识，同时注重的文化意识的渗透，注重学生文化意识和世界意识的培养，并逐步扩展文化知识的内容和范围。此外，教师还应促进学生在学习其他民族的优秀文化中更好地继承、发扬中华民族的优良传统，培养学生形成"传承文明，开拓创新"的意识和能力。

四、环境因素因素解析

环境因素对大学英语教学有着重要影响，大学英语教学的有效实施需要社会以及学校等各方面的积极配合，社会以及学校的外部环境、教学设施以及相关因素的完善与否对大学英语的教学质量具有举足轻重的作用。

（一）社会环境因素解析

社会环境主要指经济发展状况、科学技术水平、人文精神、社会群体等对英语学习的态度以及社会对英语的需求程度等。社会因素是影响和制约外语教学的重要因素。外语教学中大纲的制订以及课程标准的设置都需要以符合社会对于英语人才的需求等为依据。社会环境因素对教学具有导向作用，是英语教学向前发展的动力。

（二）学校环境因素解析

学校环境主要涉及班级的大小、教学设施、教学信息、教学资料、英语课外活动、校风班风和师生人际关系等。学校是为学生提供学习场所和学习手段的最佳环境，它对英语教学的影响更直接。学校的教学质量、管理水平以及各项硬件设施的完善与否对英语教学的成败起着关键性作用。

1. 教学设备

教学设备是学校教学的重要组成部分，学校教学设备包括很多方面，教室、图书馆、实验楼、办公楼、宿舍等都属于学校的教学设备。教学设备的完善程度直接影响着英语教学活动的开展。好的教学设施，如教学楼以及图书馆等都有助于增强学生的学习意识。一些语音教室和多媒体设备可以为学生的英语口语学习提供必要的技术支持，学生可以通过语音教室等提高自己的口语水平，这些设施也在一定程度上缓解了学生的学习疲劳，有助于激发其英语学习兴趣。总之，这些现代化的教学设备为英语教学提供了很好的环境。

2. 教学信息

现代化的教学设施在英语教学中起着重要的作用。教师可以利用这些教学设施进行教学，使学生能够全面理解英语知识；学生可以利用这些教学设施有选择地学习，使学生能够通过各种不同的渠道学习和获得知识。学生的英语知识不仅可以通过教材和课本获得，还可以通过互联网等来获取。英语学习需要实践，只在课本中学习英语是不可能从根本上提高英语水平的，因此现代的信息网络技术为英语学习提供了很好的信息来源，使学生能够通过互联网等与外界的英语世界进行交流与学习。

第四节 高校英语教学的现状与发展趋势

一、高校英语教学的现状

随着世界各国之间的交流与合作，大学英语作为必修课程，在高等教育中发挥着不可替代的作用。然而，由于种种原因，以及各种因素的制约，高校英语教学存在着一些问题，这些问题在很大程度上影响着英语教学效果的提高。基于此，高校教师应该全面了解当前高校英语教学的现状，并在此基础上不断对高校英语教学进行改革和完善，这样才能使高校英语教学适应教育改革的需要。

（一）教学思想陈旧

在传统的英语教学模式中，教师只注重英语知识的讲授，将自己作为英语教学的主体，严重忽略学生的主体性。在这种传统教学模式的影响下，学生无法发挥主体性作用，只能被动地接受教师讲解的知识。随着网络化时代的发展，以及教育信息化的影响，很多信息化教学设备已经应用于英语教学中。然而，很多教师仍采用传统的教学思想，并没有及时转变自己的角色，也没有将学生的主体地位彰显出来。同时，很多教师仍然以考试为主，根据考试大纲讲解知识，并没有完全摆脱影视教育的束缚。

总之，陈旧的教学思想已经不能适应教育信息化改革的需要，已经不能满足学生学习的需求。这就要求教师在英语教学中要积极转变教学思想，真正意识到学生的主体性地位，并在教学中不断融入新的教学理念，从而不断适应当今教学改革的发展。

（二）教学方式刻板

在传统教学模式中，教师喜欢用一支粉笔和一个黑板来进行授课。不可否认，这种授课方式在以往的英语教学中发挥着重要的作用。随着多媒体技术的发展，各种信息化的教学方式层出不穷。如果教师仍然采用这种刻板单一的方式将会影响英语教学的发展。

在实际的高校英语教学中，很多教师并没有完全融入信息化教学中，仍采用传统的、刻板的教学方式，这对英语教学效果的提高起着一定的阻碍作用。具体而言，教师主要采用灌输式教学，直接将英语基础知识、语法、词汇、语篇等的讲解灌输给学生，使学生被动地学习和接受，没有留给学生独立自主学习和思考的时间，这对学生英语综合能力的培养是不利的。

（三）教学内容枯燥

目前，很多教师采用的教学内容大多数都源自教材。这些英语教材过于重视英语基础知识的讲解，过于重视学生阅读能力的提升，而严重忽视了英语听力内容和口语内容的融入，这对学生听力理解能力和口语表达能力都是不利的。

此外，教师主要以教材为教学内容讲解英语知识。这些教材过于重视语法。枯燥乏味的语法知识很难调动学生学习英语的积极性。同时，教师在讲解英语教学内容的过程中还缺乏理论与实际的结合，使英语理论知识与学生的实际生活严重脱离，这对学生主动性的调动也是不利的。

总之，很多教师在高校英语教学中仍采用枯燥、乏味的教学内容，这些内容非但无法调动学生的积极性，反而使学生更加厌烦英语。

（四）考核方式简单

考核方式是高校英语教学不可缺少的组成部分，它关系着高校英语教学的发展。在实际的英语教学中，教师主要采用考试的考核方式，忽略了学生的日常表现。以考试为主的考核方式，能够在一定程度上反映学生的英语成绩。但它主要是从英语理论层面而言，不利于反映学生综合运用英语的能力。

总之，教师采用比较简单的、单一的考核方式，不能对学生的技能水平、综合能力进行考核，这不利于全面衡量英语教学的质量。

（五）英语师资力量不强

英语教学的影响因素有很多，其中最为重要的影响因素是英语师资力量。众所周知，教师是英语教学效果提升的保障，也是学生综合能力提升的保障。英语师资力量的强弱直接影响着英语教学的发展。

然而，在现阶段的英语教学中，很多高校的英语师资力量都比较弱，能力也比较弱，素质也有待加强。这些素质不高、能力不强的英语师资队伍在很大程度上影响着英语教学目标的实现。

总之，如果一所高校的英语师资力量跟不上，就无法进行高水平的教学，也无法培养出高水平的学生，这对学生能力的提升、教学质量的提升都是不利的。

（六）忽视了对学生英语应用能力的培养

在目前，英语四六级考试仍在高校英语教学中起着重要的作用。通过对英语四六级考试进行分析，可以知道，这种考试主要针对英语理论知识的考查，忽视了学生的语言应用能力。同时，为了提高四六级英语考试的通过率，英语教师在高校英语教学中只注重四六级考试内容的讲解，忽视了学生的实际应用能力，这对英语应用能力的培养是不利的。

此外，在四六级英语考试的影响下，学生也将英语学习重心放在了考试内容的学习中。而大多数学生学习英语也都是为了应对四六级考试。教师和学生都严重忽略了英语背后的文化知识以及英语的应用能力，这对学生跨文化交际能力的培养是不利的。同时，即使很多学生学习了很多英语知识，掌握了很多英语语法，英语成绩也比较好，但由于缺乏英语应用与表达能力，很容易使学生在交际中出现障碍，这与跨文化交际能力的培养也是不符的。

二、高校英语教学的发展趋势

(一) 国际化发展趋势

由于知识经济文化交流的不断深入，英语教学也在顺应时代的潮流，逐渐走向国际化、在高校英语教学中，高校应立足国际化视野，借助丰富直观、开放共享的多媒体和网络信息技术，结合英语课堂教学形式，更为生动地将英语教学的主要内容和重要内容呈现出来，不断提高学生学习英语的积极性，提高学生学习英语的体验感，更好地提升学生的英语理解能力。同时，在国际化、全球化的语境之下，融合英语文化教学，将语言与文化充分融合，更好地满足国际化英语人才的需求，并采用双语教学模式，引领高校英语教学向国际化趋势迈进和发展。

(二) 以就业为导向发展趋势

1. 英语课程体系设置要以就业为导向

在当今时代，就业问题引起人们的高度重视。就业在一定程度上影响着社会的和谐发展，关系着大学生价值观的实现。在当今全球化的发展中，社会对英语人才的需求越来越强烈，同样地，对英语人才的要求也越来越高。因此，英语人才就业问题也是高校英语教师必须重视的问题。

在高校英语教学中，英语教师要将就业问题与英语课程设置相结合。也就是说，在英语课程设置中要融入英语人才的就业问题。在英语课程与就业问题相结合的过程中，教师应该结合当今时代的发展，分析英语人才的需求，然后再将英语人才的就业问题与课程讲解相结合，使学生了解当今英语人才的就业形势，了解自身存在的不足，这样有利于做好就业准备，不断提高自己的英语能力，这可以在一定程度上提高学生的就业率。

此外，教师还应该结合英语教学目的，根据学生的实际学习情况，围绕英语课程与就业问题进行教学方案设计，不断提高学生的语言技能和综合能力。

2. 利用多媒体手段为学生创造良好的学习环境

在当今信息化教学的背景下，教师不仅要改革传统的英语教学模式，还应该不断融入信息技术、多媒体技术等，为英语教学提供网络化的教学环境。在英语课程与就业指导相结合的过程中，教师也应该转变教学观念，充分发挥多媒体技术的优势，将英语课程学习与就业问题更加形象、直观地呈现出来，使学生能够体会英语课程与就业指导相结合的优势，使学生不断学习英语和就业知识，真正为日后的就业做好准备。

此外，教师还可以利用多媒体技术为学生营造招聘场景，让学生在模拟的招聘场景中了解就业、感受就业、体验就业，并在日常学习中有针对地学习英语知识，这对学生日后的就业是有帮助的。

3. 明确以就业为导向的教学目标

要想实现英语课程与就业相结合，就应该树立以就业为主的英语教学目标。这一教学目标可以有效地将英语与就业结合在一起，能够为学生的就业问题提供指导。同时，这一教学目标的制定需要高校、教师和学生的共同努力。

高校和教师应该结合当今时代的就业热点话题和就业形势进行分析，并对不同企业的英语人才需求进行剖析，从而使学生了解当前就业现状，以及人才需求的方向，并不断巩固自己的英语知识，提高自己的英语综合运用能力。

除此之外，学生自身方面也应该不断努力，不断学习英语知识，了解就业需求，不断确立正确的学习目标和发展方向，真正使自己能够在激烈就业竞争中胜出。

4. 更新教材内容以适应新形势下的要求

无论是英语教学，还是其他形式的教学形式，都应该注重教材的重要性。教师可以通过教材讲解英语知识，学生可以通过教材获得英语知识。可见，英语教材的重要性不言而喻。在以后的高校英语教学发展中，教师也应该充分发挥教材的重要，并不断对英语教材进行改革和创新。

具体而言，教材中应该融入一些热点话题，这样教师与学生在讨论过程中可以加深对内容的认识和理解。同时，教材内容不能脱离实际。也就是说要贴近学生的日常生活，这样可以使学生在结合实际生活对英语知识进行运用。此外，教材中还应该融入就业相关的内容。就业政策、就业形势、就业指导等等内容都可以融到具体的英语教材中，真正实现英语教材与就业相结合，从而使学生做好充分的就业准备。

（三）研究性专业发展趋势

在高校英语教学发展的过程中，不仅要让学生了解英语这种语言，还要能够多层次地研究英语语言，要基于完整、逻辑化的英语教学体系，进行英语研究和学习创新，对英语语言进行深入的研究，这是全球化发展趋势的必然，通过开展英语研究性专业教学，可以较好地提升学生的英语思维能力，显著增强学生的跨文化交际能力和研究能力，更好地促进高校英语教学的研究型增长。

（四）与其他学科整合发展趋势

英语教学是语言教学的重要组成部分，它主要以应用语言学为理论依据。应用语言学不仅涉及语言理论，还涉及语言应用，是一门复杂的综合学科。随着应用语言学的发展，应用语言学与很多学科交叉融合，从而促进了自身发展。同时，应用语言学的多学科交叉性，也为英语教学提供了诸多学科指导。

第一，英语教学与教育学的交叉融合。

英语教学从本质上而言属于教育学研究的范畴。教育学的诸多理论都可以为英语教学提供理论指导。同时，英语教学的发展离不开教育这一肥沃的土壤，只有在教育环境中才能提高英语教学的效果。教育学理论不仅具有理论意义，还具有现实意义，将其应用于英语教学中必将促进英语教学的改革和发展。除此之外，教育学理论中的各种规律，也能够为英语教学提供规律引导。

第二，英语教学与语言学的交叉融合。

语言学，简单理解就是研究语言的学科。英语教学实际上就是语言教学研究它需要语言学理论支持。语言学在具体研究中主要针对语言的内涵、特征、本质、性质、意义、运用等进行研究。随着语言学的发展，语言学也出现了很多分支学科，这些分支学科在英语教学中也起着重要的作用。教师只有将语言学与英语教学有机结合，才能使学生深入了解语言的本质、特点和规律，使人们对语言有一个整体的了解。只有这样，学生才能树立正确的语言观，进而正确地学习英语这一语言。

此外，英语教学受不同语言观的影响。第一，语言的知识观。语言的知识观认为，英语教学实际上是一种知识教学。在教学过程中，教师引导学生学习知识，积累知识，并掌握学习知识的策略和技巧。第二，语言的技能观。语言的技能观认为，英语教学实际上是一种技能教学。在教学过程中，教师要注重学生技能的学习和提高，并不断帮助学生掌握语言技能的方法。

从不同的语言观理解语言，可以有多种语言的理解方式。无论哪种语言观，都从某个方面剖析了语言，都能够对英语教学产生一定的影响。

第三，英语教学与社会语言学的交叉融合。

社会语言学主要是从社会的角度来剖析和分析语言。在不同的社会背景下，语言具有不同的意义和作用。语言并不是一成不变的，它是可以变异的。这种变异问题可以通过社会语言学进行分析和解读。社会语言学在英语教学中的作用是不容小觑的，它可以为英语教学研究提供不同的社会视角。在英语教学中，教师应该以社会语言学为理论基础，结合学生的实际学习情况，对英语教学目标、内容进行制定，并不断挖掘英语教学的方法。

第四，英语教学与心理语言学的交叉融合。

心理语言学主要是从心理的视角研究语言的学科。不同的人学习同一语言有着不同的心理状况，有着不同的情感态度，其语言的应用心理也是不同的。心理语言学研究成果丰富。教师可以从心理语言学研究成果中借鉴一些相关理论，这些理论可以为英语教学研究提供理论和策略支持。

需要指出的是，英语教学是一门复杂的学科，它与很多学科都有交叉融合现象，上述内容仅仅是其中的一小部分。这就要求英语研究者能够全面分析英语教学的相关学科，并将这些学科与英语教学相融合，真正使这些学科理论能够为英语教学理论研究提供指导。

第二章 信息时代高校英语教学理论探究

当下正处于信息时代，高校英语教学也应与时俱进。本章将从信息化教学理论、建构主义理论、信息技术与英语课程整合理论这三个方面进行分析。

第一节 信息化教学理论

一、信息化教学的定义

信息化教学，主要指的是教师利用信息技术进行的教学活动。信息技术的融入是信息化教学与传统教学的本质区别。需要指出的是，在信息化教学中，教师不仅融入了信息技术，还融入了一些现代教育理念和策略，这是信息化教学的本质特征。

信息化教学与传统教学没有本质的区别，它也是教师的教和学生的学的双向共同活动。但是信息技术的出现和多媒体在教学中的应用，使得信息化教学在教学手段、教学资源、教学环境以及教学模式等方面有了新的特点，并与传统教学相比有了很大的差异性。

二、高校英语教师的信息化教学能力

（一）高校英语教师信息化教学能力的特点

1. 是动态的

随着教育改革的不断推进，英语教学也在不断改革和发展。为了适应英语教学的发展，英语教师的综合素质、专业能力、信息化能力等要不断发展。而这种发展具有动态的特征。

可以说，教师信息化教学能力发展的动态性，是适应教育改革的必要举措，是教师综合能力提升的重要途径。只有教师的信息化教学能力不断动态发展，才能适应信息化教学的要求。同时，这种发展的动态性要求教师必须树立终身学习的观念，不断积极探索和自主思考。

2. 是系统的

在信息化教学背景下，教师信息化教学能力的发展并不是间歇性的，而是系统化的，这种系统化主要强调了三个方面的内容。

第一，教师要将英语语言技能与英语综合能力相结合，不断学习和提高知识技能，不断提升英语综合素质和能力，从而不断促进教师信息化教学能力发展的系统性。

第二，教师信息化教学能力的发展主要与职前能力和在职能力。这两个不同的阶段有着不同的发展目标和方向。尽管如此，这两个阶段的发展是紧密相连的，实现了教师信息化教学能力的一体化发展。

第三，教师信息化教学能力的发展对教师综合素质和专业发展都有很大的促进作用，同时对学生学习、教育改革等都是有促进作用的。

（二）教师信息化教学能力发展的策略选择

信息化教学能力发展可以从外部环境和内部环境入手进行分析，其发展策略也可以这两个视角进行分析。

1. 宏观发展策略

（1）社会发展的需求

随着信息技术的迅速发展，信息技术在社会领域、教育领域中都得到了广泛的应用。在社会信息化和教育信息化的影响下，英语教师也应该转变教学理念，明确角色定位，提升信息化教学能力。

信息化社会对信息化英语人才提出了更高的要求。这就要求教师树立信息化教学观念，不断提升信息化教学能力，只有这样才能适应社会发展对英语人才的需求，才能实现信息技术与英语教学的有效融合，使教师生成信息化教学智慧。

（2）国家政策的保障

国家要为教师信息化教学能力的发展提供政策保障。例如，信息化教学能力的要求、信息化教学能力的培训、信息化教学能力的发展方案、信息化教学能力的评价等都需要国家相关政策的支持。

同时，国家要为教师信息化能力发展提供资金支持，使教师信息化教学能力的发展不受资金的限制。除此之外，国家还应该制定一些鼓励政策、改革政策、支持政策、实践应用政策等，真正为教师信息化教学能力的发展提供政策保障。

（3）教育改革的引导

教育信息化的发展在一定程度上给英语教师信息化教学能力的发展提供了机遇，但也给教师信息化教学能力发展带来了挑战。信息化社会需要更多的信息化英语人才，如果教师不注重信息化教学能力的发展，不注重英语教育教学的改革，就很难促进英语人才的信息化，也很难满足信息化人才培养的需求。因此，高校应该充分发挥教育改革的引领作用，使教师意识到教育改革的重要性以及自身信息化教学能力发展的迫切性，从而以教育改革促进自身信息化教学能力的发展。

从整体上来看，我国的英语教师教育改革与基础教育课程改革的步伐并不一致，甚至存在落后现象。这种落后主要突出表现在英语教师信息技术能力培训方面。教师发展信息化教学能力的最终落脚点在于能够在自身信息化教学能力提升的同时帮助学生发展良好的信息化学习能力，促进学生的个人成长与发展。因此，为了实现这一目标，英语教学所进行的教学评价就不能只着眼于对教师信息化教学能力的评价，而应当将教学评价的范围进行拓展，容纳更多的方面，将评价的最终目的转向教学是否能够促进学生在信息化社会中获得更好地提升与发展、是否能够拥有良好的信息化能力去满足社会对信息化人才的需求。

2. 中观发展策略

英语教学中，教师需要具备良好的信息化教学能力，而发展这一能力就必须要借助一定的策略，其需要在方法论的指导下才能完成，这便是英语教师信息化教学能力的中观发展策略。从这个角度来看，英语教师信息化教学能力发展需要经过几个关键环节，包括职前培养、教学实践、在职培训、协作交流、自主学习。其中，中观发展策略中的促进策略对信息化教学能力的发展发挥着尤为重要的作用。

（1）职前培养与在职培训相结合

对于英语教师来说，其信息化教学能力的发展过程一定是系统性的，发展经历了从静态到动态的阶段，而且更加开放与多元，发展也不再只是单纯地凭借传授的方式，而是注重协作与交流。在教师信息化教学能力发展中，职前培养与在职培训都起到了十分有效的促进作用，对于教师不同能力的发展阶段来说，这两种培训是促使能力发展的台阶，因此，在实际培训中，必须将职前培育与在职培训有机结合起来，不能让二者独立进行。

世界范围内，各个国家都十分重视对职前教师或者是未来教师的培养。例如，西方国家设定英语教师技术能力标准用于培育未来教师，而我国主要注重于培养在职的英语教师。由此可见，虽然职前教师与在职教师的培训可以结合在一起，但是他们在能力发展培育的侧重点上显然有所不同。

对于职前英语教师来说，其能力的培养主要面向三个方面，一是技术知识，二是技能，三是模仿能力。当然，其中也会穿插一些教学实践，但是主要的还是以学习知识与技能为主。对于在职教师来说，则重点培训他们在真实的教学情境中的应用实践能力，当然也会适当穿插一些知识、技能的学习。教师信息化教学能力知识体系是教师信息化教学能力提升的前提与基础。

（2）传统方式与网络在线相结合

从世界范围内教师信息技术能力发展中汲取经验可以得出这样的结论——面对面培训与网络培训结合是最为有效的方式，这也有效完成了传统方式与网络的结合。如今，信息化的时代背景下，学习资源与信息的获取方式已经十分多元，因而，英语教师提升信息化教学能力可以借助的途径有许多，教师借助网络在线来提升自身的知识与技能，发展协作教学能力并进行教学研讨与经验分享，从而使得网络在线与传统方式结合的成效更为显著。

（3）技术知识与实践应用相结合

在英语教师信息化教学能力的培养中，职前教师与在职教师在技能知识获得方式上有所不同。一般情况下，职前教师需要通过系统学习，而在职教师则是通过自主学习或者培训等方式。英语教师要完成技术知识到教学应用能力的转变，必须要参与英语教学实践。对于职前教师来说，一是可以通过学习体验来模仿，二是可以通过参与教学实习来锻炼。对于在职教师来说，完成这种转变的最有效方式就是参与教学实践。

（4）自主学习与协作交流相结合

处于信息化时代，英语教师在树立自主学习意识的同时，也要具备自主学习能力。这是社会发展对于教师能力的要求，也是教师实现自我成长与专业发展的需要。对于教师成长来说，自主学习能为其提供十分持久的动力，教师自主性的提高能够帮助他们自主控制与选择学习的内容。在教师专业发展的整个过程中，自主学习都起着十分关键的作用。总之，自主学习能力在教师信息化教学能力的发展中所发挥的作用是不容忽视的。

信息化时代背景下，英语教师的协作交流包含很多方面，无论是教师之间所进行的教学交流与研讨，还是教师与学生以及英语专家所进行的交流对话，都属于协作交流的范畴。除此之外，教师协作交流的方式既要有面对面的，也要有跨时空的。教师提升信息化协作教学的能力，对于知识与经验的分享有很大的益处，可以有效构建教师信息化教学共同体。

3. 微观发展策略

对于英语教师信息化教学能力发展而言，微观策略是一种直接条件。教师在个体促进能力形成与发展的过程中，集中表现为自主学习、教学实践、协作交流等几个环节。从微观层面来看，英语教师发展的促进策略主要表现在以下三个方面。

第一，通过自主学习来完成知识积累。在英语教师的职业发展生涯中，自主学习是必不可少的环节，对于英语教师来说，自主学习是其信息化教学能力可持续发展的动力与必要条件，教师专业发展离不开自主学习的促进作用。教师进行自主学习是为了积累技术知识、提升教学水平并帮助学生实现个人发展。对于职前教师来说，其进行学历教育的系统化学习时，最关键的就是要完成理论知识的学习；而对于在职教师来说，其进行的教学培训的重点内容除了要学习理论知识之外还要深入教学实践以提升应用能力，这样才能保证教师教学能力的有效提升。协作化教学中，教师需要共同讨论、相互学习，从而实现共同发展与进步。在信息化社会，教师的自主学习不单单是一种方式，更是一种学习过程与能力。通过自主学习，教师在提升信息化教学能力的同时还形成了更加系统化的知识体系，从而能够保证教师在信息化社会中获得更好地专业性发展。由此可见，教师要保持信息化教学能力发展的可持续性，就必须注重通过自主学习完成知识积累。

（2）以教学实践为主的应用迁移

对于英语教师而言，其所进行的信息化教学实践，并非只具备技术性，还需要在教学实践中加强教学反思。教师的信息化教学实践是一种理论的应用过程，在这个过程中，教师的技术知识与技能都完成了迁移，真正实现了在教学情景中的运用。信息化教学中，教师要注重教学实践，更要重视在教学反思中获得成长，从而生成教师信息化教学智慧，获得更好的专业发展。

（3）以协作教学为主的对话交流

在教师的信息化教学能力中，其协作教学能力十分关键。这种教学能力体现在教师教学的众多方面，对于教师信息化教学能力的整体提升发挥着极大的促进作用。信息化背景下，英语教学实施协作教学，教师间通过交流与沟通能够实现进步与提升，在共享教学资源与交流教学经验的同时，实现了信息化教学能力的发展。

对于教师而言，其信息化写作教学能力包含了众多方面，其中协作交流所发挥的作用更为突出。协作教学在信息化社会中是具有时代性的教师教学能力发展策略。

三、高校英语的信息化教学方法

(一) 网络教学法

网络教学法是一种包括了新的传播媒介以及人与人之间的交互作用的教学法。网络教学中所运用的沟通媒介包含很多种类，常见的有计算机网络、多媒体、信息检索等。网络环境、网络资源与网络模式是网络教学必须具备的三大要素。其中，网络环境为网络教学提供信息技术的学习环境；网络资源为网络教学提供教学材料；网络模式为网络教学提供知识学习模式。

随着21世纪知识经济的不断发展，教育改革越来越重视信息化的发展。基于地区经济发展不均衡的现实状况，信息化教学实施了层次化发展的战略，主要分为三个层次。第一个层次，在学校范围内进行以计算机多媒体为重点的教育技术普及，加强计算机多媒体技术在教学中的运用；第二个层次，引导学校充分利用好网络资源来发展教学；第三个层次，利用网络推动远程教育的发展。随后，网络教学受到我国教育界的普遍重视，成了发展教育的一大热点，一些有条件的学校纷纷利用网络辅助大学英语教学。

网络教学是以实时传播、资源检索、课程测试、教学论坛及休息娱乐几个模块构成的，分述如下。

(1) "实时传播"为教、学者搭建了在线交流的平台，构建自主学习的语言环境类似于网上"英语角"，学习者可以和教师围绕一个主题的若干部分，融听、说、读、写为一体，开展课堂内外相结合的相关教学，达到知识构建的目的。

(2) "资源检索"为学生提供大量的学习资源，包括语言应用及各种考试资料等内容，学习者可以根据各自不同的学习目的找到自己所需要的资源。

(3) "课程测试"是教师针对学生而设计的通过在线网络进行自我检测相关课程的自主学习效果的模拟考试形式。

(4) "教学论坛"是学习者进行交流学习内容与学习方法，以及教师为学习者答疑的交流平台。教师和学习者都可以进行留言，对学习过程中遇到的问题，进行讨论与交流。

(5) "休息娱乐"是教师为学习者提供的一些优秀的外文影视、文学作品或者一些与外语相关的笑话、游戏等，可以让学习者在学习之余体验英语文化，放松心情。由于网络资源过于丰富，良莠不齐，教师还应当对学生在网络学习的过程中进行适当的管理同时，教师可以通过学习者的网络学习的情况对其进行有效的监督。

(二) 微课教学法

微课，涵盖了教学资源、学生、教师等多个模块，具有一定的规模性，是课程教学的一种形式。从整体上来看，视频还是微课的主要表现形式，教师教学活动的展开一般是通过录制教学视频，而教学视频以简短为特性，可以通过几分钟的时间完成一个知识点的讲解。微课的发展是以传统日常教学为基础的，作为一种新型的教学资源，微课具有一定的控制性。它的控制性表现在能够帮助学生与教师在一定时间内解决问题并且在有控制的条件下完成学习。这种教学形式对于教学的现代化发展有极大的促进作用。

信息化发展是英语微课教学得以推广的必要条件，教师与学生这两种因素都会对英语微课的发展产生影响。从教师的角度来看，他们制作微课教学视频需要掌握一定的制作技术。现实中，很多英语教师在某些方面都缺乏专业性，因此，其视频拍摄的技术也是有限的。然而，在信息时代的影响下，微课的拍摄与制作技术已经获得了飞速的发展，越来越多的微课制作工具为教师录制微课提供了诸多便利，因而，英语教师逐步提升制作微课的能力，不再受技术上的困扰。从学生的角度来看，他们要学习微课就必须借助信息化设备，而这种条件在信息化社会迅速发展的今天很容易得到满足，学生只需要用自己的移动设备就可以不受时空限制地来学习英语微课。如此一来，英语微课的发展进程就会十分顺利。

对于英语微课而言，其选题的模式十分贴合"务实"这一特点。英语微课在进行选题时，会结合时代发展背景，以社会关注点来展开，选题的设计也十分符合教育教学的实际发展状况。也就是说，微课教学的内容一般都会集中考虑社会的需要以及学生的兴趣。

第二节 建构主义理论

一、建构主义的主要流派

所谓建构主义，其发展历史十分悠久，既可以看成是一种认知方式，也可以看成是一种教育教学理念。人们认为建构主义最早起源于意大利哲学家维柯（G. B. Vico）的"新科学"理论，后又经历了康德、波普尔（K. Popper）、维特根斯坦（L. J. J. Wittgenstein）思想的影响，使其在哲学层面上获得了新的发展。在此之后，建构主义得以在时代发展中不断获得完善，从而构建成了一套较为成熟的理论体系，皮亚杰（J. Piaget）、杜威（J. Dewey）、维果茨基（L. S. Vygotsky）等人都为这一理论体系的形成做出了突出贡献。由此可见，在建构主义理论发展中，出现了多种流派，产生了较为复杂的学派之争。下面以三种常见的流派来做一定的解读。

第一，激进建构主义。这一流派的产生主要受皮亚杰认知发展理论的影响。在皮亚杰等人的研究中，他们将学习看成是儿童自身应当完成的过程，需要他们自己去探索知识、发现知识并建构体系。他们认为知识不是从主体与客体中发展而来的。因此，得出了一种结论，认为人类的认知是一种主客体之间的双向建构，具有一定的动态平衡性。在这种理论观点的基础之上，他们将研究的重点着眼于如何发展人类的认知建构能力层面，认为这个过程需要融合新旧知识与经验并对其加以建构才能完成。这种理论的优势在于使人们认识到语言学习中建构语法知识的重要性，但是，也明确了学习语言不只是要掌握语法知识。除此之外，皮亚杰还开辟了另外一个角度，即主张以认知心理学来解读如何建构知识。在英语语法教学中，应用皮亚杰的这一观点，最显著的表现就是认识到知识建构与语言建构的差异。

第二，社会建构主义。这种思想形成的来源是维果茨基的历史文化学说。在社会建构主义的观点中，学习者共同体的建构应当在学习者个体的建构之前，教育过程的核心应当是合作或者对话过程。同时，它也对知识是否确定以及真理是否客观提出了合理怀疑，总之不同于激进建构主义，他们在理论争辩上表现得较为温和。维果茨基的理论中，集中研究人类意识以及人类的高级心理活动，并关注对社会环境的作用，这些都对建构主义理论的发展起到了推动作用。布鲁纳对维果茨基的心理发展观十分认可并给予了高度评价。在布鲁纳看来，维果茨基的理论是具有动态性的教育与学习理论。社会主义建构主义的发展正是受到了维果茨基思想理论的深刻影响，他的理论对于教学理论建设与教学实践探索都发挥着不容小觑的作用。

第三，社会文化认知论。该理论学派同样也是受维果茨基思想的影响。维果茨基对皮亚杰的认知理论进行了发展，对学习本质是学生主动形成认知的过程这一理论加以认同。但在他的观点中，认为学习应当是对于社会的建构，个体需要在社会文化背景下以与他人合作的形式来完成建构，即建构的过程重视社会现实条件的作用，重视"人的活动"与"社会交流"在人们高级心理功能发展中所占据的地位。因此，社会文化认知论与社会建构主义有一定的相似之处，它们都关注学习建构过程的社会性，但二者的不同之处在于，社会文化认知论强调的是社会文化从时间维度上对学习产生的影响，而社会建构主义强调的是个体与社会互动从空间维度上对学习产生的影响。

二、高校英语基于建构主义理论的教学原则

(一) 理解原则

理解原则主要表现在以下四个方面。

第一,理解学习者。受维果茨基"最近发展区"理论的影响,人们认为个体学习中要关注现实以及潜在两个层次的发展水平,同时,学生需要借助比其成熟之人的帮助来完成现实发展水平到潜在发展水平的过渡。在英语教学中,理解学习者就要对学习者已经形成的英语知识水平进行了解,以此为依据才能更有计划性地组织教学活动。

第二,理解学习过程。皮亚杰的认知发展理论将学习者学习的过程分成了两个活动形式,一是"同化",二是"顺应"。对这一过程进行了理解,英语教学中,教师就会鼓励学生参与英语的互动与交流互动,使其能够在多样化的活动中建立新的知识体系与经验,从而使得学生实现真正的意义建构。

第三,创设学习环境。维果茨基的文化历史学说强调社会文化背景是个体进行学习的前提条件,在个体的学习与发展中,社会能够为其提供必要的支持并促进学生的学习。因此,为学生学习创设一个良好的学习环境至关重要,学生在课堂上的沟通与交流需要在一个友好的学习氛围中才能完成并产生显著的交流效果,这就使得英语教学中教师除了要为学生建立一个轻松、和谐的学习环境之外,还要选取更具多样化与趣味性的学习资源,这样才能提升学生学习的积极性与主动性,使学生能够完成有效的互动与交流,从而养成良好的英语学习习惯,提升自身的英语学习能力,保证英语教学的质量与效果。

第四,建立学习共同体。学习共同体的组成可以是师生,也可以是学习小组。英语教学中,学习小组成员间在交流与探讨中共同分享知识与经验,从而实现自我提升与发展。建立学习共同体的另一个重要作用是能够帮助学生形成自我管理能力,使学生能够在同他人的交往中实现知识与技能的发展。

(二) 预防为主原则

英语教学中依据建构主义而形成的教学课堂必然会产生一些较为复杂的教学问题,面对这些问题,教师最正确的做法就要时刻保持积极的管理态度。一方面,教师要在教学开始前做好准备工作并想好问题解决方案,保证教学中的突发问题能够及时得到有效管理与控制;另一方面,教师要做好教学设计并创设好教学情境,教学条件完善了,课堂上遇到的问题自然也会随之减少。英语

课堂教学中,常见的问题大多表现为学生缺乏学习的兴趣或者学习学习行为与教师教学节奏不一致。这样看来,只要做好教学准备,坚持预防为主的原则,就很容易避免问题的发生。

(三) 学生参与原则

建构主义指导的英语课堂中,学生在知识建构方面应具有主动性。同样地,学生也处在教学管理的主体地位上。建构主义的英语教学课堂,有多元化的教学活动,教师与学生的关系也呈现一对多的形式,这些都使得学生必须要深入教学管理之中,才能保证课堂教学的有效性。因此,学生既可以在班级中扮演管理者,同时又是被管理者。学生参与教学管理,同时又被管理着,这样主体性就更加得以凸显。

三、高校英语基于建构主义理论的教学方法

(一) 抛锚式教学

抛锚式教学(Anchored Instruction)可以理解为基于实例的教学,教学内容是建立在真实的事件和情境的基础上,学习者在实际环境中去感受和体验,产生学习需要,确定教学问题,这个问题就是教学过程中的锚。英语学习者通过自己的亲身体验和自我实践,通过学习共同体中成员之间的讨论互动和交流分享,积极寻找解决问题的路径和方法,在自主学习过程中获取真实的、直接的学习经验,完成英语知识的意义建构,而不是完全依赖于英语教师、他人传授的间接学习经验或者从教材、书籍和网络上获取的抽象的知识介绍。

在英语教学实践中,学习者以具体问题为牵引,积极探索问题的多种可能的解决方案,抛锚式教学方法为学习者提供了一个发现问题、分析问题直至解决问题的有效途径。英语教师从信息提供者转变为学习者的学习伙伴,主要是为学习者的主动学习提供恰当的指导,如需要搜集哪方面的资料、获取相关资料的途径以及研究和解决问题的常用方法。

(二) 随机进入教学

随机进入教学(Random Access Instruction)要求英语教师在组织教学时应当注重向学习者呈现某一抽象概念和知识的复杂性特征,对某一教学内容的学习一般分为不同时间、不同阶段逐步推进,每个学习阶段设定的教学主题、目标任务各不相同,分别围绕教学内容的不同要素、不同部分和不同侧面来安

排。这样有利于学习者在需要时可以通过不同方式、不同途径、不同指向，或者以随机的方式或者以重复的方式进入相同的教学内容。在英语学习过程中学习者自主安排知识内容、自主选择学习策略方法，获得对教学内容多视角、多层次的认知，逐步促进知识的全面深化和理解，最终完成知识的自我建构和自主发展，使学习者的思维能力得到训练和发展。

随机进入教学非常适合高级英语学习阶段的教学，其特点在于试图把教学中抽象的概念和知识与具体的、真实的教学情境对应起来、联系起来，使之具象化，有利于发展学习者的自主学习能力、逻辑思维能力、解决具体问题能力、语言知识的迁移能力。

（三）支架式教学

1. 概述

支架式教学（Scaffolding Instruction）是指把教师指导作为支架，在教学活动中将学习管理的主动权由教师向学习者让渡的过程，教师根据学习者对学习内容的掌握情况逐步撤掉支架，最后使学习者达到自主学习的目的。

支架式教学强调英语教师在教学前，要在学习者已有的知识经验基础上，根据学习者学习的新知识内容和教学目标要求，为学习者建构对新知识的理解搭建一种概念框架。具体来说，教师设定一个具体的英语教学情境，提出需要学习者解决的问题和任务，同时搭建一系列帮助学习者自主建构知识的支架，帮助学习者实现无法独立完成的任务，启发引导学习者对知识进行深层次的探索，教师指导成分要随着教学过程的深入而逐渐减少，同时要不断发展和提高学习者在原有认知结构基础上内化新知识的能力，从而把学习者对英语知识的理解逐步引向深入，使得学习者即使在没有教师指导的情况下也能借助已经掌握的概念框架进行独立探索、发现学习。

在支架式英语教学中，必须确保教师在切实提高学习者自主学习能力的基础上逐步撤除支架，既不能过早、过急，也不能过迟、过缓，正是通过这种支架的支持，使得学习者能够更快地理解和内化英语知识，更快地提升自主学习能力。当撤除支架时，学习者也完成了知识的意义建构过程，认知能力也提高到了一个新的水平，从而跨越最近发展区。

2. 支架设置

每个英语学习者的基础条件和智力结构存在着明显差异，英语教师应当针对每个学习者的具体情况灵活设置个性化支架。对认知能力较强的学习者可以设置一些较为笼统和抽象的支架，并且可以较早撤出支架，而对认知能力较差的学习者设置的支架可以较为具体和详细，并且可以较晚撤出支架。所以有效的支架设置要有针对性，要充分考虑到每个学习者的具体情况和个性需求，不能一概而论。在支架式英语教学中，支架的设立不是一成不变的，要在学习者最急需的时候提供及时、恰当的支架，随着学习者学习能力的不断提高，支架的形式和内容也需要进行相应的动态调整。在一般情况下，支架的设立要按照由低到高的难度顺序循序渐进地进行，只有在完成了难度较低的支架才能进入难度更高的支架，有利于学习者快速进入并最终跨越最近发展区，达到预定的英语学习目标。在支架式英语教学中，支架的撤出也需要循序渐进地进行。教师应当密切监控学习者的学习进展情况，根据学习者英语知识技能的掌握程度和学习能力的提高情况逐渐减少支架的数量，降低支架的复杂程度，给予学习者更多的自主学习和意义建构空间，当学习者具备了较高的认知水平、较强的自主学习能力，能够自主解决学习过程中遇到的问题，教师就可以把整个支架完全撤出。

3. 教学过程

（1）确定学习者的最近发展区。教师应当紧紧围绕英语课堂教学的目标要求，通过课前学习者对教学内容的自主学习情况来了解，也可以通过教师的随堂提问、观察、交流来确认，从而保证支架设置的有效合理。

（2）设定支架。支架一般有预设支架和过程支架两种形式：预设支架是教师根据英语教学目标的需要在课前就提前设计好的一系列教学内容，如预先设计一些问题、图表、范例等以帮助学习者更好地理解课文；过程支架是教师在英语教学过程中根据学习者的需要临时设计一些有较强针对性和指向性的问题，如词汇解释、语法举例、临时对话等，使学习者得到即时的、有针对性的帮助。

（3）情境设定。情境的引入和设定应当是灵活的、动态的，既可以是一个完整的教学环境，也可以是一个教学片段，英语教师可以通过提出问题、内容回顾、图片展示、场景规划、任务设计、专题对话等多种形式形成一系列独立的英语情境，学习者在这个英语情境中完成知识的意义建构过程，提高学习者的英语运用和交流能力。

（4）协作学习。根据教学任务要求将英语学习者分成若干学习组，学习者通过小组活动开展合作性学习，一般采取小组讨论、协商对话、沟通交流、资源共享等多种形式。这样，一方面可以加深学习者对英语教学内容的理解，另一方面可以在小组活动中提高英语交际能力，在提高学习能力的基础上完成意义建构。

（5）自主学习。学习者围绕单元教学目标或者教师指定的英语学习内容，充分利用来自不同渠道的教学资源，从不同类型的学习对象中获取多方面的英语知识，根据个人的学习程度自主选择学习时间学习方法和学习策略。在这个过程中教师的引导逐渐减少直至学习者能够完全按照教师要求进行英语教学内容的自主学习。

（6）教学评价。一是通过课堂自评、小组互评和学习者互评，教师能够及时掌握教学过程中存在的倾向性问题，及时对支架设置的时机、难度、内容、形式进行动态调整；二是教师可以对学习者做出及时的反馈，让学习者得到一个较为全面科学的综合评价，激发学习者的英语学习兴趣和动机。

总之，基于建构主义思想的各种形式的英语教学方法都强调学习者的自主学习、主动探究和意义建构的过程，都注重为学习者创设模拟真实目的语社会文化的教学情境，都倡导学习者之间的互动、交流和协作。这些教学方法则有利于英语学习者思维能力的提高和创造性以及实践能力的培养。

第三节 信息技术与英语课程整合理论

一、信息技术与英语课程整合的本质、内涵和理论基础

（一）整合的本质与内涵

信息技术与大学英语课程融合的本质和内涵就是在先进外语教学理论的指导下，将计算机网络技术科学地应用于大学英语教学过程中，增强学生对英语学习的认知，激发学生学习英语的热情，丰富学校教学环境并将多种教学资源及教学要素有机地结合起来，从而使得大学英语教学系统整体在技术应用时具有聚集效应，提高大学英语教育的整体质量，从而实现教学改革的最终目标。

将信息技术与英语课程整合意味着信息技术将成为英语教学中的一个重要组成部分。大学英语教师应具备能够正确处理理论、方法和技术三者之间的关系的能力。在大学英语课程教学中，信息技术不只是一种教学工具，更是帮助学生自主学习、培养学生创新能力、促进英语教师职业发展的重要手段。科学地运用信息技术，是推动大学英语教学改革和发展的关键。

（二）整合的理论基础

大学英语教学不仅注重理论知识的培养，更注重对理论知识的实践运用，是一种实践性的教学活动，具有开放性、创造性、体验性的特点。整合的关键

在于融合，即充分利用信息技术辅助教师有效开展英语教学，发挥信息技术的交互性、协作性、创新性等优势，达到提升学生自主学习能力的目的。大学英语教学过程中的听、说、读、写、译等技能教学符合信息技术与大学英语教学整合的基本规律。

陈坚林教授从学术角度科学地定位了信息技术和大学英语融合的理论内涵，推动了我国信息技术化大学英语教学理论研究向更深层次发展。他认为，计算机技术日新月异，其以飞跃式的发展速度已经使其大大超过了英语教学中的辅助作用；"计算机辅助英语"这一传统教学模式将逐渐向计算机主导型教学模式演变；计算机可以作为教师、学生以及同学等多重身份把大学英语教学带入虚拟化、个性化以及自主化生态系统之中，生态系统内各教学要素（如技术、学生、教师以及环境等）之间的相容与动态协调进化则是融合成功与否的关键。陈坚林教授认为，要实现大学英语教学体系的生态化，必须从"整合"入手。① 他将教育技术学中的融合研究理论与教育学中的生态化研究理论相结合，开展网络环境下大学英语教学生态化与技术化融合研究，提出了以"生态化整合理论"为核心的兼容、动态、良性的理想化大学英语教学模式。

二、信息技术与英语课程整合的教学模式

基于计算机与课堂的大学英语教学模式是指计算机信息技术与大学英语课堂教学的全方位整合模式。它是建立在信息化教学环境设计理论与实践框架理论基础上，包含相关教学策略和教学方法的教学模型。整合后的大学英语教学模式不同于以往计算机辅助教学的传统教学模式，而是将计算机作为英语教学的一种重要组成部分，利用计算机的创造性、交互性等优势促英语教学课堂上师生的交流互动和学生自主性、创造性的发挥。传统的英语教学模式具有封闭性、单向性的特点，而将信息技术与英语课程整合后教学模式具有开放性、多向性的特点，优化了交流方式，扩大了交流范围。整合后的教学模式具有交互性教学模式、网络探究教学模式、自主学习模式等表现方式。这些模式都是以信息技术的应用为基础，根据英语课程的教学要求、学生的个体差异等具体情况，整合教学策略，营造良好的课堂教学氛围。

信息技术与英语课堂整合后的教学模式强调学生的主体地位，学生成为知识的建构者，甚至成为信息的生产者和加工者。教师成为学生学习的引导者和

---

① 隋晓冰. 网络环境下大学英语课程教学优化研究 基于佳木斯大学的实证研究［M］. 上海：复旦大学出版社，2016：67.

课程内容的设计者。将信息技术整合到英语课堂教学后，教学的基本要素在学生、教书、课本等基础上，增添了媒体教材这一要素。教学设计充满技术性，变得更加智能化、数字化，为学生营造了良好的英语学习环境。即时通信技术的进步和发展为教学媒体提供了交互性的优势，实现师生、生生在课外的实时互动。

三、信息技术与英语课程整合的意义

（一）激发学生的英语学习兴趣

信息技术与英语课程实现整合之后，教学手段更灵活，教学资源更丰富，教学环境更生动。在英语教学过程中，除了使用传统的英语教材，教师还可以使用多媒体，以图片、音频、视频等教学形式开展教学活动，例如，教师可以借助虚拟空间的真实情景来激发学生的交流欲望，锻炼学生英语交际能力。另外，学生可以借助互联网开放性的特点高效地获取国内外信息资源，了解国内外学科前沿信息，扩充自己的知识储备，拓宽英语学科视野。

（二）发挥学生的主体作用

整合后的大学英语教学模式具有多样性，能够促进学生创新思维和协作能力的培养，有利于充分发挥学生的主体作用。在整合模式下，教师和学生处于平等的关系，学生可以综合大量的信息资源有选择性地接受教师、专家们的观点和思想，而不是"灌溉式"地全部接受。新型教学模式如任务型模式、自我驱动模式、协作型模式、交互型模式等都是在信息技术应用的基础上给学生提供发现、创造和发展的空间。学生可以根据自身的学习能力和学习目标来选择学习内容，充分发挥他们的主体作用。

（三）提升课堂教学效果

将信息技术与英语课程进行有效整合，能够推动学生综合素质的全方位发展，从而提升教学效果。在英语教学中，充分利用互联网的开放性，引入国内外教学资源，同时开展中外文化交流活动，有利于培养学生的创新思维，提高语言交际水平、跨文化交际能力和综合素质水平。整合模式能够将视、听、说三者有机结合，综合刺激学生的感官，达到提升课堂教学效果的目的。

（四）培养学生的自主学习能力

不同于以往传统的教学模式，新教学理念要求"以教师为主导，以学生

为主体"。在整合模式中，学生以信息采集、信息检索等方式对信息进行分析和加工，通过发现和探索来建构自己的英语知识体系。伴随着网络技术的发展，传统的英语教学模式已经无法满足学生的求知欲望和认知能力，而新的教学模式能够为学生提供个性化、自主性、开放性相统一的学习平台，满足不同学生的需求，培养学生的自主学习能力。每位学生都可以综合考虑自己的兴趣爱好、已有的知识水平、学习能力和发展能力等选择适合自己的学习内容，既能够给学有余力的学生更广阔的发展空间，又能够给学习暂时性困难的学生自由宽松的学习空间。学生利用互联网资源和技术进行自主学习，充分展现了整合后的教学模式的灵活性、针对性和实时性的优势，使学生真正成为学习的主人，从而完成"要我学"到"我要学"的过渡，进一步增强学生的自主学习意识。

四、信息技术与英语课程整合后的变化

课程整合后大学英语教学彻底改变了传统课堂教学的本质，给传统的大学英语课堂带来了一系列的变化。具体体现在以下方面：教学目标发生转变，传统教学传授英语语言知识，以应对考试为主要目的，整合后的教学目标要求教学活动要使学生能够掌握英语知识技能、英语学习能力和方法，获得愉悦的英语学习体验；教学内容由讲授词汇、语法等转变成培养学生的英语学习策略和学习方法，注重提高学生的综合素养；教学模式由传统的"填鸭式"的课堂面授转变成课堂讲授、基于网络技术的自主学习以及课后辅导相结合的形式，模式更加多样；教师角色由单一变得多元，由传统的知识传授者转变成学生学习的引导者和课程内容的设计者，实现了师生互助，教学相长；学生角色由被动的知识接受者转变成主动的知识建构者甚至是信息的生产者，锻炼学生的自主学习能力；教学方法由以教师为中心转教学变成以学生为中心教学，突出"以学生发展为本"的思想，重视教学过程中学生的主体地位；教学资源由课本、教材等扩充为课本、教材、网络信息资源和数据库等，拓宽学生的视野；教学环境由传统的粉笔、课本、黑板到多媒体设备、虚拟设备等过渡，丰富课堂教学形式，激发学生的学习兴趣；教学评价由传统"以教论教"的形式转变为"以学论教"的形式，评价标准由学生学了多少转变为学生进步多少等等。尽管信息技术与英语课程整合能够为大学英语课堂注入生机与活力，但这种转变仍处于尝试和探索阶段，在新旧模式融合转变的过程中，这种整合也逐渐表现出种种不和谐。

五、信息技术与英语课程整合后的失调现象

(一) 学生的信息素养薄弱

信息技术的发展推动了教育的改革,一直以来,个性化、自主化都是计算机网络自主学习模式的两大特征,显然,这一学习模式极大地扩大了学生的自主权,但是,就目前而言,很多学生并未掌握信息技术,不具备自主应用信息技术的能力,信息素养达不到时代的要求。一般来说,信息素养主要可以分为技术信息素养和人文信息素养,顾名思义,技术信息素养无非就是指人们运用信息的能力,而人们在面对信息时的心理状态和对信息价值的认识则都属于人文信息素养。当前,网络信息资源内容丰富,既包括有利于学生发展的信息资源,同时也包括不良信息,由于学生对信息资源的分辨能力差,很容易受到不良信息的侵害,应该尽可能地丰富学生的信息素养。部分学生无法正确利用信息资源,这就给他们自身带来了挫败感,还有部分学生自控能力差,容易陷入网络游戏中,这些都会阻碍多媒体外语教学的发展。

(二) 教师在信息环境下的教学观念亟须完善

受到传统外语教学的影响,教师应该采用陈旧的教学方法开展教学,这就导致英语教学改革走向了两个极端。其中之一是没有充分利用信息技术,几乎每个学校都存在可用于教学的多媒体设备,但由于教师没有充分掌握信息设备的使用技术,导致智能化设备利用不充分,无法发挥其应有的价值,这表明教师信息教学观念较弱,急需加强。另外一个极端是过分使用计算机信息技术,即滥用信息技术,过量的信息资源不仅不会增强教学效果,还会降低教学效率。比如,"电灌"现象,虽然,信息量丰富是高校英语多媒体教学的特色,但过度使用信息技术会违背教学规律,阻碍教学的发展。纵观当前的英语多媒体课堂教学,70%的时间都在演示课件,新内容过于丰富,学生一时无法全部接收,如果说传统课堂是以人为主的灌溉教学,那么这就是"电灌",结果同样不容乐观。又如,为了提高学生学习英语的兴趣,教师过度追求英语教学的趣味性。判断英语课件优秀与否的重要条件是其是否能够做到内容丰富,情景相融。然而,当前,很多英语教师将制作英语课件的重点放在了形式方面,的确,课件形式新奇,能够在一定程度上吸引学生的注意力,但是,过于花哨的课件会起到喧宾夺主的作用,使学生忽视教学内容,阻碍学生自身思维的发展。学生的关注点更容易集中在生动形象的图片、视频上,而不会在意英语知识,显然,这不利于英语教学的发展。

（三）整合后的教学模式还没有完全脱离传统的教学管理体系

正如我们所知，传统的英语教学模式存在各种各样的弊端，其将教师作为教学的中心，忽视了学生的主体地位，当前，整合后的教学模式仍然维持着传统的教学理念以及评估体系，没有在根本上与全新的教学模式相适应。也就是说，传统的教学模式并未完全改变。例如，教师在面对新型教学模式——网络自主学习课堂时，由于没有相符的教学方法，往往会利用传统教学经验来开展教学。自主学习是与当下信息时代相符的新型教学模式，部分教师和学生对其并不十分了解，他们将自主学习当作自由学习的观点是不正确的，这会使英语课堂变得无秩序，不利于学生学习英语。受到教学条件的制约，部分教学软件虽然关注到了教学监控与教学升级等一系列问题，但仍然没有取得良好效果，即使学生期末成绩并不优异也可以继续学习，这极大地降低了学生学习的动力。考试仍然是调动学生自主学习动机的主要因素。学生在自主学习过程中关注的重点仍然是考试，而不是自我能力。绝大部分学生无法及时根据自身学习情况自行确定学习方向，这就造成了自主学习效果不佳的现象。

（四）教学配套资源不完善

在信息技术应用到英语课堂教学之后，教学配套设施便暴露出了种种弊端。无论是计算机硬件配置，还是教学资源等，都与全新的教学模式不匹配。这严重影响了学生的正常上课。例如，学生在利用网络进行自主学习时，需要将数据录入数据库，此时，数据库也需要不断验证学习者身份，这极有可能产生服务器崩溃现象，破坏学习的流畅性，进而对学生的自主学习产生影响。目前，应用于自主学习课堂的教学资源不够丰富，多数只是纸质教材的原搬照抄，管理网络自主学习中心的相关人员大多不具备专业资格，只有既具有丰富英语教学理论和实践经验，又具备信息使用技能的人，才有资格担任网络自主学习中心的管理员。然而，就当前的自主教学情况而言，人们并不十分重视管理员这一角色，这就出现了失调现象。

六、信息技术与英语课程整合应用

（一）大数据驱动下的教学分析

伴随着时代的发展，大数据技术广泛应用于英语教学实践中，为了确保其能够发挥最大教学价值，世界范围内的各大相关机构开始利用大数据来开展教学分析，探索教学模式，主要包括学校、细腻化企业、教育基金等机构。

大数据在教学中的应用，可以追溯到2002年，当时坐落于美国的卡内基梅隆大学设置了开放学习计划，这一计划在当时引起了轰动。它倡导跟踪学生的学习轨迹，通过学习仪表盘来记录学生学习数据，为了使学生能够及时解决在自主学习过程中出现的问题，系统为学生提供了虚拟导师，以学习者的学习情况为基础，教师可以重新制定教学计划，及时调整教学方式和教学内容。伴随着信息技术的发展，越来越多的个性化教育模式开始出现，"No Grades, No Grades（NG2）"正是其中之一，这一教学模式兴起于2016年，由美国部分学校所制定，从本质上看，这一教学模式彻底转变了传统的以成绩为准的教学评价方式，实施以学生学习轨迹数据为关键指标的评价方式。之所以推行此种教学模式是为了转变以成绩为准的教学思想，将教学的目标转移到提高学生能力方面，显然，学习轨迹更能突出学生真实的学习以及需求状况。"数据驱动教学"模式是由美国Menachem教育基金会所提出的，这一教学模式不仅具有采集数据、测试数据、评估数据的作用，同时还能够深度分析数据，这为教学者更好地掌握学生真实情况奠定了基础。显然，大数据技术的合理运用，为教学者开展教学活动提供了帮助。

当前，在世界范围内，存在一些教育公司同样致力于研究大数据驱动下的英语教学，这些公司将重点放在研究与开发数据驱动教学的软件系统方面，为大数据技术在英语教学中的应用提供了支持。著名的"数据驱动的差异化教学"模式就是由美国Literacy How公司所提出的，纵观这一教学模式，其所设置的学习目标通常具有挑战性，学生的学习过程与结果都可以用数据来表示，并据此建立学习曲线，如此，教师可以通过观察曲线来检测学生的学习情况，另外，基于数据的教学评价模型也是必须设置的，这对于教师掌握学生学习状况，进而调整教学，开展学习指导具有重要意义。除此之外，国外很多教育公司都对数据驱动教学展开了研究，并取得了一定的成果。为了跟上时代发展的步伐，国内的教育机构越来越关注数据驱动下教学模式的研发。

一般地，如果教师想要完成高质量英语教学目标，就必须在教学设计、教学组织、教学辅导等方面多下功夫，做到精益求精。近年来，科学技术发展迅猛，各种用于采集数据的便捷式设备层出不穷，比如，智能手机、智能手环、平板电脑等，这些设备不仅便于携带，同时还能够采集复杂的数据，不仅采集精度、频率有所提高，而且采集范围也在扩大，采集渠道也更加丰富。学生学习的全程都需要进行数据采集，包括课前、课中与课后，英语教师对所搜集数据进行深入分析，以便全面掌握每一位学生的学习状况、全体学生的学习共性以及个性、英语学科能力的优缺点等，从而采取措施干预英语教学。

(二) 微课在大学英语教学中的应用

近年来，微课成为英语教学的主要方式之一，微课具有内容短小精悍的特点，它以视频的方式开展教学，一般，人们会将微课穿插在英语教学之中。这有利于活跃课堂气氛，调动学生的学习积极性。

为了增强教学效果，英语教师往往会制作一些英语微课视频来吸引学生兴趣，同时以便学生在课后复习英语知识。微课教学是信息时代的产物，教师在制作微课时，不仅要保证微课内容与学生学习的实际情况相符，同时还要保持教学内容的新颖性，以此来吸引学生的注意力。在英语教学中，有很多重点和难点问题需要学生掌握，因此，教师应该将教学重难点充分体现在微课视频中，对每一个重点、难点都进行深入讲解。微课作为信息时代的全新教学模式，无论是在选题制作的过程中，还是在课堂教学中，都必须以学生为主体，并确保课堂的衔接性，英语教师要想充分发挥微课的优势，就应该设置相关教学配套活动，比如，思考、讨论环节等。一般，在英语教学中，教师会将教学的重难点一一呈现在微课视频中，并运用图式、列表的形式展开讲解，以便直观地向学生展示英语知识点，进而增强教学效果。实践表明，英语教学内容丰富，仅仅依靠书本教学是行不通的，教师还需要创设英语学习的语境，不断丰富教学内容，拓宽学生的视野。

事实上，微课程的制作过程很复杂，需要不断修改，反复完善，才能呈现给学生最佳的视频。通常，微课视频能够利用最短的时间来讲解知识的精华。英语教师为了担负起英语教学的责任，切实做到对学生负责，就必须反复推敲教学内容，不断丰富自己的知识体系，提高运用信息技术的能力。首先，教师自身的专业技能可以通过微课教学来提升，在英语微课教学中，教师为了推动教学发展，不断进行自我反思，转变传统教学思想，提高自己的专业技能。其次，教师可以在英语微课教学中增强运用信息技术的能力，通过视频制作、课堂教学，教师能够逐步掌握信息设备的应用，跟上时代的步伐，将信息技术灵活运用到英语教学之中。从某种程度上来看，制作微课的过程实际上就是教学反思的过程，基本流程都是发现问题—分析问题—解决问题，这对于增强教师的教学能力具有重大意义。微课是新兴的教学模式，能够利用网络实现资源共享。也就是说，英语教师之间可以平等对话，共享微课资源，共同探讨教学策略，在共同发展中进步。基于此，英语教师应该抓住资源共享这一优势，发挥微课的最大价值。

正是由于信息时代的发展，微课才得以产生，其不仅丰富了教育资源，拓展了教学方式，同时还促进了教育变革。基于此，无论是为了顺应时代发展的潮流，还是推动教学改革的发展，将微课应用于英语教学中都是必需的。信息技术与教学的有机融合推动了英语教学的发展。

第三章 翻转课堂"走"进高校英语课堂

"翻转课堂"教学模式中能够满足学生对个性化自主学习的需求。学生可以按照"观看微视频——内化知识——完成练习——找出问题——课上讨论——参与输出性训练——形成评价"的流程，调整自己的学习进程，选择性的补充知识、弥补不足，提升学习质量；并在此过程中形成自主学习的良好习惯，提升自主学习能力，最终形成终身学习的能力。有着传统教学所无法比拟的优势，所以在高校教学中得到有效的应用。

第一节 对翻转课堂的基本认识

一、翻转课堂的起源

关于翻转课堂的起源，可以追溯到 2007 年，美国化学教师 Jon Bergmann 和 Aaron Sams 催生了翻转课堂[1]。彼时，为了使缺课学生跟上教学进度，他们将教学课件录制成视频，供学生观看。2011 年，美国学者 Salmankhan 提出了一个全新的教学模式——翻转课堂。一般，学生会在课后通过观看微视频或者在线学习的方式来自主构建知识体系，在正式的课堂上，教师会充分了解学生的课前学习情况，进而给予其一定的学习指导，并通过开展学习活动的方式来巩固学生所学知识，使其真正将所学知识内化于心。基于微时代背景下的翻转课堂教学模式，突破了传统教学模式的限制，丰富了教学方式，增强了课程资源的利用率。在传统课堂教学中，教师是教学的中心，忽略了学生的主体地位，这极大地阻碍了学生的自主性学习，翻转课堂教学模式的到来，彻底扭转了这一局面，推动了教学的发展。

---

[1] 杨存政. 桴海探珍 [M]. 银川：宁夏人民教育出版社，2018：101.

二、翻转课堂的三个基本要素

(一) 精心编辑的课程内容

内容是学习的核心,我们绝对不能低估它的重要性。我们发现,学生总是不知道自己不知道什么,而某些方面的知识和技巧又是学生必须掌握的我们并不是说要取消所有已准备的课程,但我们要承认很多课程要么过于宏观,要么过于具体,或者过于缺少灵活性。我们希望教育工作者精心设计那些所有学生需要掌握的内容,而且在做出这些重要选择时,教育工作者可以利用内容抛砖引玉,让学生了解学习的过程,并激发其对知识的渴望。

布鲁姆教学目标分类法是为了探索教育和学习问题而经常使用的框架。虽然它不是理解人们学习方法的唯一途径,但它为探索人们的学习过程提供了一个很有效的框架,教师制作的视频是最好的教材。教师们在高等教育活动中可以使用布鲁姆教学目标分类法。

如果教师使用了翻转学习模式,学生就会深入学习被设定的话题,让学习的内容变得更加全面、彻底。在传统的教育模式下,要达到这一目标,就必须从布鲁姆教学目标分类法构建一个认知的框架,而且需要花费很多时间去学习课程内容。翻转学习模式的革新是教学的方法。教师可以通过视频进行非同步式授课,然后通过翻转学习使学生更深入地学习。通过翻转学习,学生不仅可以学习既定课程,而且可以全面掌握课程内容,并且将新知识运用于具体情况,制定学习目标以证明他们学习的效果。

(二) 好奇心驱动

年轻的学生走进校园的时候,对世界有先天性的好奇,他们在学习的时候会提出各种各样的问题。这个好奇心是学习的基本要素。但是,相信今天的学校环境不能够全面地为学生提供针对兴趣学习的机会人类的知识总量非常庞大,具体的教育标准包括的知识少而且课堂时间有限。满足好奇心就是让学生选择感兴趣的内容和话题。要注意的是,给予学生自律是最好的选择,但重要的是,为了能够让学生探究兴趣,预留学习时间是很重要的。

更广泛的学习和更深入的学习有何差异?如果说更深入是更全面、更彻底地理解内容,那么更广泛则是更丰富地了解内容。对内容的通达并不是在学习初始环节实现的,而是在有意义的学习环境中实现的。教师可以运用翻转学习培养学生的好奇心,从既定内容延伸,在教学之前使学生体验学习过程,所有这些都会促使学习更广泛。促使学习更广泛通常包括项目式学习和问答式学习，允许学生发挥兴趣和创造力，有些教师尝试在问答式学习中加入视频部分。有些在问答式学习的开始就运用视频，鼓励学生提出问题，然后找出可能的答案。有些在问答式学习的中途运用视频，这时学生已经形成一些概念，视频可以加强学习的效果或者纠正错误的理解。问答式学习不是没有直接教学，只不过不是由直接教学来驱动。

近来，布鲁姆教学目标分类法产生了多种变体，倒置的金字塔就是其中之一，从这个金字塔的顶部开始学习，了解项目的学习方式。学生们利用主要课程来进行分析和评价，如果遇到障碍，他们可以从金字塔低层次进行，获得他们想要的信息，然后回到起点。

（三）师生关系的影响力

当我们回想自己的学生时代，给我们留下深刻印象的都是那些关心过我们的老师。乔纳森·伯格曼最后成为高中化学教师并不奇怪，因为他的高中化学教师伊迪·安德森当时注意到了他这个无所适从的怪小孩，并对他进行了单独辅导，帮助他建立了对化学的兴趣。伊迪·安德森从来没有翻转的课堂，但她对乔纳森人生的影响感动了很多人。亚伦·萨玛斯在大学也有过类似的经历，当时他得到了大卫·约翰逊教授的悉心指导。教师的教学应该处于同时强调内容、好奇心和师生关系的环境中，这个环境使教师能够比以往更深入地带领学生学习。此外，教师应该从翻转课堂模式过渡到翻转学习模式。

翻转学习既不是一种教学方法，也不是一种教学理念。翻转学习是一种技巧，在恰当时加以运用，从而最大限度地利用与学生面对面的时间。学生永远是第一位的。教师运用翻转学习使学生更深入地钻研那些必须学习的知识，学生在各个科目上打下坚实的基础，从而构建更丰富的知识体系。好奇心也非常重要，我们鼓励教师帮助学生培养自己的兴趣，发展项目和提出问题，有学生都应拥有丰富的学习经验，能够学习与选择，并主导学习过程中的自主能力，但是我们认为教师和学生的关系同样重要，也是学习不可或缺的一部分。人与人之间的密切关系不仅源于学习，还会使学习变得更有益于社会适应性。

三、翻转课堂的理论基础

（一）教学本质理论：翻转课堂体现了多样综合的教学理念

翻转课堂作为一种教学模式，对其有效性的理论分析，首先应该从课程学领域最基本的问题入手，即"学习"，目前学界关于"学习"的研究，基本上可以分为两个方面：学习的定义和学习的本质。

我们可以把学习定义为：由经验引起的行为或行为潜能的相对持久的变化。与学习的定义相比，关于学习本质的研究是更为重要的，影响也最为深远。学习的本质是关于"学习意味着什么"或者是"人类如何获取关于这个世界的知识"的问题。如何看待学习的本质，或者说持有什么样的学习观，可以说是课程教学中最为基本的问题，决定了对教学活动的认识和教学方法的选择。

多样综合是现代教育的重要特征之一，没有任何一种观点可以解释所有教育现象，可见，这种用一种观点取代另一种观点的做法并不合理。无论是哪一种本质观，都存在一定的理论和实践限制。基于此，人们在探讨与教学相关的概念时，比如，学生、教师、学习、知识等，应该从不同角度入手，即使是同一个概念，也可以产生多种理解。比如，同一种物质，从化学和物理等不同角度来看，就会得到不同的解释，关于人类，生理学和心理学的解释也不相同。总之，存在于实际生活中的很多现象都是既对立又统一的。所以，教师作为教育的主要工作者必须运用包容的态度来开展教学，将各式各样的教学理论应用到教学中，发挥其最大价值。

翻转课堂教学模式正是体现了这种多样综合的教学理念和方法。翻转课堂的视频采用教师讲授的方式，以知识获取为主要目的。课堂问题解决和活动部分则主要反映学习的"参与观"，认为教学是一种共同体活动的参与，以能力培养为主要目的，以探究法为主要的教学方法。即使是课堂的探究活动，也不是完全无指导的探究，随处可见教师的身影、指导和反馈。因此，从教和学的本质理论进行分析，翻转课堂能够综合多种教学理念和方法的优点，从而显得更加合理，也更符合教学实际。

（二）教学目标理论：翻转课堂可以实现学生的全面发展

教学目标理论同样为翻转课堂的开展奠定了基础。通常情况下，人们所说的教学目标实际上就是指在教学中所要求学生达到的目标，一般地，教学目标引领着整个教学过程，为教学指明方向。教学的起点就是教学目标，无论是教学过程、教学设计，还是教学评价等都由教学目标决定。

传统教学课堂存在诸多弊端，翻转课堂的引入改善了这一局面。记忆与理解作为低级认知目标历来是教学的重要任务，在翻转课堂教学中，学生通过观看视频的方式便可以实现低级认知目标，这为课堂教学留存了大量时间，在此背景下，教师便可以利用课堂时间来完成学生应用知识、分析知识、评价知识的高级能力目标了，越高级的教学目标所用的课堂时间越多。

翻转课堂的这个优点对于中国教育尤其重要。中国学生长期以来都以基础知识扎实为特点，"知识就是力量"这句话深入人心。教师认为传授知识是本职工作，学生认为学习知识是分内之事，包括高考在内的考试基本上都是以考查知识的掌握为主，几乎全部的教育内容都围绕着知识的教与学展开。然而，在今天的互联网时代，人们获取知识的手段变得十分迅捷，获取知识的广度和深度得到更多拓展，很多知识都可以通过网络查到、学到。网络、人工智能在知识的积累和教学上可以轻易超越人类，这将会摧毁我们的教育制度在知识教学上的优势，也会使得我们培养出来的学生优势荡然无存，变得毫无竞争力。爱因斯坦曾说过"大学教育的价值不在于记住很多事实，而是训练大脑会思考。""我没有特殊的天赋，我只是极度好奇，""想象力比知识更重要"。爱因斯坦的这番话在今天更值得我们深思，在当前以及未来的时代，能力显然比知识更为重要。

这就解决了传统教育长期以来无法解决的"知识"与"能力"孰轻孰重的问题。虽然实施翻转课堂教学并不一定就意味着实现全面发展的目标，但是借助技术的力量，翻转课堂至少使得全面发展的教育目标在今天的时代具备了实现的可能性。

（三）混合式学习理论：翻转课堂实现信息技术与教学深度融合

就目前而言，混合式学习并没有固定的概念。部分学者强调混合式学习就是多种教学方法的综合运用，它结合了传统教学与网络学习的优势。最常见同时也是较为经典的混合式学习的定义如下：为了能够在合适的时间向恰当的人传递正确的知识技能，混合式学习既关注教学技术的恰当性，又重视学生个人的学习风格。从这个定义中，我们可以看出混合式学习的目的是实现最佳教学效果，因此，这一模式具备整合优势，翻转课堂出现之后，经常与混合式学习联系在一起，甚至相提并论。根据上述对翻转课堂内涵的分析，可以认为翻转课堂就是一种混合式学习，而且为混合式学习的实现提供了一种切实可行的模式。我们认为翻转课堂可以充分发挥混合式学习的优势，实现信息技术与教学方法的深度融合。首先，在教学理念和教学方法上，翻转课堂体现了多样综合的教学理论和方法。翻转课堂综合体现了"获取观"和"参与观"两种学习观、"教学认识论"和"教学交往论"两种教学本质观，以及"讲授法"和"探究法"两种教学方法。不同于传统上执着于某种教学理念和方法孰优孰劣的问题，翻转课堂作为一种混合式学习能够综合多种教学理念和方法的优点，具备理论的合理性和实践的可操作性[①]。

---

① 郭建鹏. 翻转课堂与高校教学创新 [M]. 厦门：厦门大学出版社，2018：63-64.

其次，在教育目标上翻转课堂的课前视频学习主要是以内容学习为主，重点在于帮助学生记忆和理解相关的知识；课中的问题解决或者合作探究主要是以能力发展为主，重点在于帮助学生发展高阶的认知能力，或者实现情感和心理运动领域的教育目标。因此，翻转课堂是内容学习和能力发展的混合。

最后，在学习空间上翻转课堂的课前视频学习主要是学生在线学习的形式，课中环节主要是在传统的线下课堂进行的。因此，翻转课堂是线上和线下学习的混合。翻转课堂的视频学习主要是在教室之外进行，课中合作探究主要是在教室之内完成。也有部分的翻转课堂课中环节并不一定发生在教室内，而是根据教学需要会选择在其他场所进行的。比如医学专业的翻转课堂教学，线下部分可能会直接选择在医院。还有一些课程可能会选择在野外、博物馆等地方进行。因此翻转课堂的课堂并不一定局限于教室，而是会根据教学需要，混合教室内外的教学场所。

总而言之，翻转课堂是一种混合式教学，不仅彰显了现代教育的多样性和综合性，还为信息技术深度介入教学过程提供了一个绝佳的切入点。翻转课堂通过视频的形式把知识教学部分移出到课外、课前、线上，让学生以个体的方式自学完成。这部分在线教学的内容可以充分利用多媒体技术、大数据技术、学习分析技术、直播技术、移动互联技术来提高教学效果。从而通过技术的力量解放了课堂，把线下课堂时间用于进行有意义学习和深层参与。线下部分也可以通过实时应答、交互式白板、多屏互动、无线投屏、表情识别等信息技术，促进教学互动、改善课堂质量。因此，翻转课堂通过线上线下等多维度的混合，把信息技术的优势贯穿、融合于整个教学的全过程，能够真正做到在"恰当的"时间将"恰当的"技能用"恰当的"方式传递给"恰当的"人，从而实现教学的最优化。

第二节　翻转课堂发挥的积极作用与常见问题

一、翻转课堂的积极作用

（一）促进了教师与学生之间的互动

虽然翻转课堂在教学的过程中，采用播放视频的手段进行英语课程的教学，但是却促进了教师与学生之间的互动。

1. 翻转课堂提高学生的互动性

在传统的英语教学模式中，教师总是将教学的重点放在讲解语法和句式方面，不重视学生的个人感受，久而久之，学生便丧失了与教师交流互动的欲望，这在一定程度上阻碍了教学的发展。翻转课堂教学模式的出现，丰富了教学形式，使课堂变得形象生动起来，提高了学生参与课堂的积极性，进而增加了师生之间的交流。

2. 关注学生的个性化发展

从本质上看，翻转课堂的核心仍然是教学，但是，与传统教学相比，教师仅在翻转课堂中起到引导作用，其明显更加注重学生的个性发展，尊重学生的主体地位，这对于增强英语教学效果具有重要意义。

在翻转课堂英语教学中，学生能够更好地开展自主性学习，独立思考英语问题，将不懂的问题带到课堂上与教师、同学积极交流，共同解决，这有利于推动学生个性化发展，提升学生的英语水平。

（二）增加学生之间的合作

在传统的英语教学中，教师是教学的主体，而翻转课堂调转了师生的位置，将学生当作教学的主体，一切教学活动的开展以学生为准，这对于增强学生积极主动性具有重要意义。

1. 充分发挥学生的能动性

在翻转课堂中，绝大部分的课堂时间都属于学生，教师仅仅起指导作用，引导学生学习英语课程知识，学生自主探究知识，构建知识体系，进而提高自身英语水平。

2. 增加了学生之间的友谊

学生之间相互协作共同完成作业，是翻转课堂中教师常用的教学方式。这种教学方式以学生之间的相互合作为基础，以共同完成作业为目标。这种教学方式主要有以下优点：首先，学生以相互协作的形式完成作业，这就使得学生之间的交流频率得到增加，学生也借此提升了彼此之间的友谊。其次，学生们为完成作业彼此间会相互帮助，这也培养了学生优秀的品质。最后，学生们能够全力投入到协作当中，对提升学生的英语成绩也有很大的帮助。

（三）转变了传统英语教学的评价方式

翻转课堂的英语教学模式不仅打破了以往以考试手段来评价学生的方式，而且提升了评价模式的公平性，使评价模式更具说服力。另外，翻转课堂对学生的评价不再局限于某一方面，而是更加全面，这也让教学效果向更理想化的方向靠近。

1. 师生之间相互监督，共同进步

在翻转课堂中，不仅老师可以评价学生，让学生了解自己在课堂中的具体表现，优点继续保持，缺点及时改正。学生也可以对老师的课堂表现发表自己的意见和建议。师生之间的相互监督不仅使师生得到进步，翻转课堂教学模式也会得到长足发展。

2. 全方位评价学生

教师对学生的评价要从多方面进行考量，不能仅从从学生对英语知识的掌握能力入手，学生的沟通水平、在团队合作中的作用以及学生在解决问题时的表现等都是教师在评价学生时需要考虑的因素，这样才能全面掌握学生的长处和不足，为学生的进步提供针对性的意见。

二、翻转课堂遇到的问题与挑战

（一）翻转课堂的师生负担问题

有过翻转课堂教学经验的教师，对翻转课堂最深刻的感受应该就是教学负担明显加重，即使没有尝试过翻转课堂教学的教师，在了解其内涵及实施步骤后，应该也会想象到教师的教学负担要比传统教学方式加重不少。

事实也是如此，实施翻转课堂教学，教师要将原有的课堂形式和内容彻底推翻，建立新的教学模式。特别是教师在课堂当中使用的教学视频，需要提前找好素材进行录制。有过视频制作经验的教师都知道录制一个 10 分钟的短视频实际上可能要用两个小时甚至更多的时间。对于新手而言更是如此，在拍摄视频的程中经常容易出错，往往需要删掉重拍，除了录制视频的过程之外，前期教学课件的美化、脚本的设计，后期的剪辑、字幕的制作，甚至包括视频软件的学习录制环境的搭建等，这些都需要教师投入相当多的时间和精力。一个看似简单的视频，其背后凝聚了教师大量的心血，当然，如果教师主要使用别人已有的视频，那么在视频这部分的投入相对就比较少。

除了视频之外，翻转课堂也比传统课堂增加了更多的练习、探究、互动，尤其是很多教师会把基于项目的学习方式融合到翻转课堂的教学之中，教师在课前准备活动课堂知识测试和课堂探究活动上都要投入较多的精力，比如教师需要设计课堂问题，并在课堂上提供即时反馈和指导；教师需要设计课课前、课中探究活动，制定评价标准，对小组活动进行评价并提供指导。这些活动基本上每次课都会涉及，而且要把每名学生在每次活动中的表现得分计入学生的课程分数。另外，有的教师为了和学生增加交流，还会设置线上交流互动的环节，这也会给教师增加额外的负担。

此外，教师通常在课外指导班级管理、信息技术使用等方面还会投入一部分的时间和精力，以保证翻转课堂的顺利实施。比如学生在小组合作中容易出现问题和矛盾，教师要及时发现并提供帮助；教师需要鼓励组内合作、组间竞争，又不能让同伴竞争太过激烈而影响课堂氛围；教师需要根据学生的反馈调整教学，教师需要在课外对个别小组或个别学生进行额外的辅导，以节省课堂时间，教师需要使用一些技术手段加强教学互动等等，这些都要比传统课堂付出更多的精力。由于翻转课堂具有生成性课程的特点教学的很多环节无法提前预设好，而是动态生成的，课堂中往往会出现很多教师预料不到的问题，有时甚至会超出教师的知识水平范围，对教师的专业能力提出了更高的要求。为了应对这种生成性课堂的特点，教师在专业知识、教学能力等方面需要投入更多精力。

翻转课堂除了会给教师增加负担，学生也需要付出更多努力。传统的课堂，学生只需要安静地坐在教室听教师讲课，课后不定期完成作业，期末参加考试不同，翻转课堂的学生需要提前观看学习视频，在课前课中课后完成相关的问题和活动，有些可能还需要在课外完成课题研究，并不定期进行课堂汇报。显而易见，学生的投入和负担要比传统课堂增加不少。

（二）翻转课堂的视频制作问题

视频是翻转课堂的一个必备要素，也是教师在进行翻转课堂教学中比较关注、投入较多精力的一个环节。虽然教师也可以使用已有的慕课资源作为自己翻转课堂的视频，但是我们还是建议教师在有条件的情况下尽量自己录制一些更契合学生需要的视频。在将来，教学视频的制作会成为常态化。因此，教师需要掌握一些制作视频的知识。

不同于传统视频课程每个视频时长在 40~60 分钟，翻转课堂的视频每个长度大约在 10 分钟，因此也被称为"微视频"。有研究表明，学生集中注意力的时长一般在 10~15 分钟，一旦超过 15 分钟，学生就很难集中精神听课了。还有学者指出，学生能够记住课堂前 15 分钟 41% 左右的内容，到 30 分钟的时候，这个比例就下降为 25%，而对于整个 45 分钟的课堂，学生只能记住 20% 的内容。

我们认为，对于不同的学习对象，视频时长可以有所不同。一般来说，随着学生年龄的增加，视频时间可以相应增加。小学生活泼好动，注意力难以长时间集中，视频时间不能太长。但是对于大学生，尤其是研究生来说，由于他们的注意力比较集中，而且视频内容比较难，因此视频时间可以适当延长，20

分钟甚至更长都是可以接受的。我们在教学实践中也有大学生反映10分钟的视频时间太短，希望可以适当延长。

（三）翻转课堂的大班教学问题

大家普遍认为翻转课堂适合小班教学，人数不要超过30人。翻转课堂存在大量的互动、提问、讨论、合作，因此小班额更容易进行这些活动。那么在大班上，尤其是一二百人的大班课，是否就无法进行翻转课堂教学。

我们的观点是大班课也可以进行翻转课堂教学，但是具体的操作方法不同于小班课。一个有代表性的例子就是一项研究，在这个研究中，每班学生的人数都在250人以上，但是他们也成功地翻转了课堂，并显著提高了教学效果。在他们的翻转课堂模式中教师主要是使用Clicker进行当堂的问题解决，并提供即时反馈和指导。这种课堂的改变，进一步提升了学生的听课效果，提高了学生参与课堂的积极性，获得了学生的好评。

在大班课上实施翻转课堂，也有人建议采用大班分小班的方法进行翻转，这种方法是把大班分成若干个小班，教师轮流给每个小班上课，进行翻转。如果有一门2学分的课程，该课程共有90名学生，原来学生需要每周上一次两节课，如果要对这个班的学生实施翻转课堂教学，我们可以把这90名学生分成3个30名学生的小班，学生每三周到线下上一次课（原来每周上一次线下的课），这样就把班额变小了。虽然学生到线下上课的次数减少了，但是一部分课时已经从线下转移到线上进行了，这样也可以实现翻转课堂。当然这需要学校教务和管理政策的支持，比如承认在线课时。同时教师也要加强对线上学习的监督和管理，以保证教学效果。

此外，引入助教制也是一个很好的解决办法。有的老师通过使用助教来帮助实现课堂的翻转，即把学生分成若干个小班，各自完成线上学习之后，由主讲教师带领若干助教，组织线下活动分别对这些小班进行翻转。复旦大学进行的通识教育改革中，推行的是"大班授课、小班讨论"的教学模式，即学生统一上课接受教师的讲授，课后分小班进行研讨。如果把翻转课堂运用于这种模式中就可以变为"个体线上学习视频、小班线下进行讨论"的模式。学生在课前先个体学习线上教学视频，完成原来"大班授课"的内容。然后在线下分小班进行讨论，这样就可以省去集体线下大班授课的时间，把线下时间集中进行小班讨论增加了教学的灵活性、针对性和有效性。当然在这种改革中，助教的作用就显得十分重要，因为小班研讨主要是通过助教来组织完成的，小班研讨的成功与否，直接受助教能力和水平的影响。助教除了需要具备较高的专业素质和能力，还需要具备较强的组织能力沟通交流能力。助教要起到教师和学生沟通的桥梁作用，既要组织好小班讨论，充分调动每个学生的参与，还需要准确地把学生讨论中出现的问题反馈给教师，以进行有针对性的解答。比如复旦大学为了提高助教的素质就专门进行了助教培训，召开全体大会讲座、工作坊助教与学生交流会等。培训主题包括"如何组织好小班讨论""如何指导学生阅读""如何撰写小论文"等与助教工作密切相关的内容，也包括如何与人沟通当前学生学习及心理情况、如何开展团队破冰训练等与人沟通、交流的能力。

总之，翻转课堂虽然适合小班教学，但是大班也可以使用，关键在于教师如何依据翻转课堂的精神和理念，创造性地使用翻转课堂，改变教学方式。在使用翻转课堂进行教学创新的时候，要避免僵化和形式化的理解和使用，而要充分发挥教师的创造性和聪明才智，灵活使用翻转课堂进行教学。

(四) 翻转课堂的环境支持问题

教学改革是一项复杂的系统工程，仅仅依靠教师的个体努力改变教学方法，其效果必然是十分有限的，相对于其他形式的教学改革，翻转课堂对传统教学方式的改革更加彻底，更加根本。因此，以翻转课堂为主要形式的教学改革和创新难度更大。虽然翻转课堂教学模式相对于传统教学模式具备优越性，但是这种教学改革要顺利推进、取得成效，还需要高校相应的环境以及制度支持。

首先，学校需要建设优良的教学文化。建设优良的教学文化意味着高校要重视教学在各项工作中的核心地位，对于教学改革而言，这是至关重要的。当前对于中国大多数高校来说，教学相对于科研处于明显的弱势地位，很多高校要在各种排行榜上占据更靠前的位置，管理和政策都表现出明显的科研导向，教师的职务职称、荣誉、收入等都直接与科研水平挂钩，甚至出现"教学是良心活"的说法。

其次，学校要建立规范的制度体系，改革意味着对原有秩序和规范的改变，我们要在高校掀起一场"课堂革命"，根本改变教学方式，必然要求相应改变原有的制度体系予以配合。翻转课堂教学模式在很多方面与传统教学模式存在巨大的差异，这就需要学校制定相关的政策措施来保障，推动这种教学改革。

我国高等教育经过多年的发展，目前正处在由大向强发展的关键节点上，质量成为高等教育发展的生命线，"教学改革的持续推进，深入落实，对破解高等教育提高质量的难题具有决定性作用"。高校需要树立以教学为中心的理念，制定各种有效措施，创造条件支持教师进行教学改革，提高教学水平。

第三节　基于翻转课堂的高校英语教学方法变革基本探究

一、基于翻转课堂的高校英语教学制度变革

走班制的教学模式，将班级的管理功能和教学功能做了划分，行政班主要负责班级的管理，教学班则负责班内教学。另外，走班制设置了多种班级层次，不仅授课模式不同，学生的学习内容以及对学生的评价方式也不尽相同。因此，这也给了学生更多的自主选择权，学生可以根据自己的喜好以及自己的知识掌握程度去选择自己适合自己的班级层次。关于走班制的优点，主要有以下几个。

1. 强化学生主体地位，促进学生个性发展

走班制模式下学生拥有更多的自主选择权，学生可以在众多课程中根据自己偏好选择适合自己的课程，学生由被动的课程选择者转变成了主动者。走班制模式下，学生的主体地位得到提升，自主选择权的获取也让学生个性有了充分的发展。

2. 促进学生主动学习，提升学生学子中的获得感

学生的身份在走班制模式下被改变，学生由被动选择课程转变为主动选择。自主选择的课程对学生来说更具吸引力，能够让学生积极主动地投入到学习当中，体会学习带来的喜悦，进而提升了学生的学习能力，也让学生在学习中的获得感得到提升。

3. 拓宽学生的交际平台，有利于增强学生的人际交往能力

走班制不再让学生囿于一间教室之中，而是打破了教室和教室之间的隔阂，学生的活动空间变大，接触到的老师和同学数量也增多，因此学生与老师、学生和学生之间的沟通机会也被迫增加，从而使学生的人际交往水平得到进一步提升。

4. 有利于学生对自己有全面的认识

走班制模式下，学生对课程的自主选择是建立在学生对自我的了解基础之上的。学生只有了解自己的需求，对自己有充分的认识才能做出适合自己的课程选择。

二、基于翻转课堂的高校英语课时调整

英语翻转课堂的实施，需要以学生课前的自主学习为前提。学生课前的学习，一般是在一个人的环境下学习英语，学得好的可以往前进，没有听懂的可以暂停，查找其他资料，反复听讲；可以站着学，坐着学，根据学生自己的喜好，以较为休闲的方式高效的学习英语。可以想象，真正愿意学习的学生，是更加喜欢这种学习方式，而非坐在教室内安静地听讲的。

学生的自学时间在英语教学过程中发挥着重要作用。通过自学，学生自主学习的能力得到提升，学习效果也得到加强。但是，自学时间和现有的上课时间有冲突，要想增加自学时间，就要打破现有的时间安排。

改变现有时间制度的方式有很多，例如，改变固有的老师讲学生听的授课方式，让学生从听课者变成讲课者。另外，教师也可以借助教学视频，让学生进行自学。这样不仅可以清晰明确的了解学生的学习效果，也提升了学生的学习能力。提高课堂效率的同时降低了教师的劳动负担。诚如某学生所言："学习这活儿，靠老师教不行，主要还是自己去学。"学生自学的时间增加了，课堂上学生展示的活动更加活跃了，英语教学质量提升了，学校的改革受到了学生和教育行政部门的好评。

也可以通过改变课堂固定时长的模式进行改革。如果有的内容学生凭自学就能掌握好，那课堂上就不一定需要 40 分钟了，有的英语课可以调整至 30 分钟、甚至 25 分钟。当然各个学校、各门学科各不相同。甚至同一门课的不同内容，需要的课堂教学时间也不一样。这节课需要 40 分钟，下节课则可能只需要 25 分钟，根据学习内容和学生需要，灵活调整，而非刻板一致的 40 分钟。

三、基于翻转课堂的高校英语教师的成长

教师是课堂教学的主导者也是课堂教学改革的实施者，教师直接影响着课堂教学改革的成败。不同的英语教师有不同的教学理念，而且不同的英语教师的专业素养有高有低，对学生的了解程度也不相同，这就使教师们在课堂中使用的教学方式不同，最终导致翻转课堂取得的效果也不同。

（一）从知识见长走向综合素质为范

伴随着教育的发展，"知识本位"逐渐淡出，取而代之的是"综合素质本位"。翻转课堂的教学模式则恰好顺应了这一发展趋势。在翻转课堂的教学模

式中，学生既有自学的机会也有和同学、老师共同讨论课堂内容的机会。学生在自学的过程中，不仅养成了自我探究的学习习惯，也提升了自学的能力。而在学生与老师和同学的交流过程中，则让学生的口语表达能力、思辨能力等得到了发展。

教育作为一种有目的、有组织的培育人的社会活动，事实上，它并非是随意的，也不是随便什么人可以随心所欲在课堂上发表不负责任的言论的。微视频将教师知识传授过程置于公众的监管之下，这在很大程度上保证了教学的思想性。

然而，这种时间的增多与机会的增加，并不能必然地导致情感教育实效的增强。正如大家所熟知的，学生态度情感价值观的形成是建立在他们的经验与体验基础之上的。人与人之间的交往是影响学生价值观的最重要的变量。正是在这一意义上，我们说：未成年人思想道德问题的根源在成年人身上，提升学生的思想道德水平首先要提升教师的道德水平。

由于目前部分学校领导对教师师德重要性认识不足，疏于管理，责任心不强，个别教师在课堂上随心所欲地发表不负责任言论的情况还客观存在。这就是说，在翻转的课堂上，由于师生交往频率加大，部分教师不健康的思想有可能对学生产生更负面的影响。

由此，我们可以得到以下的结论。

第一，作为基础教育慕课载体的微视频对推动英语教学领域中的思想道德教育将有重要促进作用。

第二，学生的态度情感价值观的教育主要来自学生与学生以及学生与教师之间的交流沟通，而英语翻转课堂则为他们提供了广阔的平台和充足的时间。

第三，慕课的实施对英语教师的思想道德提出了更高的要求。

作为英语教师，当然要以学科素养见长，但更要有高水平的思想道德修养。所谓"学高为师，身正为范"，就是说，这两者都是不可偏废的，这样才有利于促进学生综合素质的全面发展。

在翻转课堂当中，教师不仅是向学生教授学科知识，还要多方面对学生加以引导，促进学生的全面发展。所以教师在关注自己学科能力发展的同时也要关注自己其他能力的发展。例如，自学过程中是对学生的学习探究能力和解决问题能力的培养，教师自身就要具备相关能力，如此才能对学生做好引导。

（二）从自我中心走向学生中心

一般情况下，年轻的教师最为关注的方面就是如何更好地教学，因此，他们在进行教学科研时也大多围绕这一问题。比较中西方的教学论的论文，人们不难发现：我国的教学论研究大多重点围绕的是如何"教"，而西方教学论则与我国有着明显的不同，他们研究的重点则在于学生如何"学"。基于这种情况，我国教育改革中就产生了新的思考，很显然，如何教自然十分关键，但是如何学也同样重要。

同样地，在英语教学中，如何学在教学中所占据的地位也是不容忽视的，因为学生的自主学习对于英语教学的最终效果发挥着至关重要的作用。学生才是学习活动的中心，学生完成学习任务，发挥关键作用的人是其自身，而并非是教师或者家长，英语学习也同样如此。因此，英语教师既需要重视如何提升英语教学能力，也需要关注如何帮助学生更好地实现自我学习，提升学生学习的积极性。

"从自我中心走向学生中心"，这就要求英语教师将提升学生学习的便利性作为制作翻转课堂教学视频的前提条件，视频制作时，教师要了解学生的个性与心理特征，从学生知识水平与情感认知层面出发进行教学设计，英语教学过程中考虑学生的接受度，在教学课堂完成之后，要对学生做好教学评价并反馈学生的学习情况，从而为学生今后的学习奠定好基础。

更为主要的是，在翻转了的英语课堂上，英语教师的指导和辅导更是需要在教学目标引导下，基于学生学习的基础和现状来展开。在讨论和解决学生提出的问题的过程中，先要倾听学生的理解，给学生展示的时间和机会，在此基础上再有教师的引导、点拨和总结等。让所有学生在原有的基础上有更进一步的发展，是英语翻转课堂教学的最终指向。

如何根据每个学生的学习基础，有针对性地进行指导和辅导，是一件不容易的事情。在翻转了的课堂上，由于学生事先学习了视频的内容，对知识有了一定的把握。因而，在英语课堂上重复讲解微视频的内容是没有意义的。在一般情况下，由于学生已经初步地掌握了相关的知识，因此，他们会在此基础上提出各种各样的问题，有的问题是教师没有想过，当场也不一定能够回答上来的问题。面对这样生成性、开放性的课堂，实现了课堂教学从"预定式"向"生成式"的转变[①]。在这一模式下，英语课堂很可能并不再按照教师预定的程式进行，这将是对教师的新考验。

走向学生中心，就要求英语教师关注学生差别化的学习，尊重并引导学生探究性、创造性的学习。

---

① 杨胜娟，王静. 大学英语教学改革实验及探索［M］. 成都：电子科技大学出版社，2017.12.

(三) 从孤军奋战走向团队合作

在翻转课堂应用于英语听力教学之初，并非所有的英语教师都能认识到它的价值与意义，也并不是所有教师都认可并愿意参与到翻转课堂的教学之中。这就使得那些有兴趣参与翻转课堂的教师显得尤为孤独，他们只能自己进行英语翻转课堂的探索，教学的过程一开始比较艰难。然而，随着教育改革的不断深入，翻转课堂的优势逐渐在教学中得以展现，因而，在翻转课堂运用与发展的过程中逐渐产生了团队合作。这些逐步扩展的教师团体共同努力，为发展翻转课堂进行科研，他们自行制作教学视频并实现了任务分配，从而提升了课程制作的效率。教师们将制作好的视频上传网络，从而实现了教学资源的共享。在他们制作的过程中，经过团队合作，可以从资历较深的英语教师那里汲取教学的经验，然后用于教学设计之中，从而提升了英语教学视频制作的质量。年轻教师与年长教师的合作，使得翻转课堂的发展过程不断向前推进。

在课堂教学环节，教师教学的方式就可以分为不同的阶段，在课前、课中与课后都安排教学任务，从而保证翻转课堂教学的实际效果。例如，实际英语翻转课堂中，可以由两个教师进行合作完成，一个负责组织与引导教学活动，另一个负责对教学的过程以及教学材料进行管理，两者相得益彰，成效更好，可以获得学生和同行好评。

四、基于翻转课堂的高校教育教学设备改革

理解了翻转课堂理念的教师，会被其实施的思路和效果所打动，然而在尝试实施之际，往往会被实践中不具备相应的条件所困惑，比如学校没有相关的数字平台支撑，不是所有学生家庭都具备网络环境和个人电脑。所以，有的老师会问，如果没有这些条件，还可以实施翻转课堂的教学吗？这里的回答是肯定的，翻转课堂是一种新型的教学模式，同样也是一种全新的教学理念，在教学中，它注重教师的传授，也注重学生的学习，帮助学生完成了从被动学习到主动学习的转变。因而，只要是朝着这个教育目标而努力的实践，都是值得肯定的。

(一) 师生人手一台无线覆盖的移动智能学习终端

观看英语教学微视频，在线提交进阶作业，参与网上交流与讨论等学习方式的实现，最好学生每人拥有一台移动智能终端、电脑、iPad、手机等。学生在课前的先行学习，可以在家里，也可以在校园内学习，甚至可以在公交车上、公园内，只要条件允许，学生也有学习的意愿，那么无论身在何处，都可

以借助移动设备来完成学习。教师也可以随时检查学生学习的状态,并及时回答学生的疑问和困惑。因而,在具备一定经济基础的地区,可以考虑为师生配备移动智能学习终端。比如,给师生每人配备一台 iPad,支持学校实行英语慕课学习和英语翻转课堂教学改革。拥有无线网络覆盖下的移动智能终端会为学生的学习提供诸多便利。当然,合理适度使用电脑进行网上学习英语,需要家长和学校共同的教育和保障。

(二)在线的交流互动平台

对于师生来说,在线的交流互动平台为他们实现有效的沟通与交流创设了一个十分方便的交流环境。在师生具备无线移动智能终端的基础上,课前,教师在线给学生提供微视频学习资源,学生在线上学习,完成并提交进阶作业,对于学习中产生的疑惑,只需要借助网络在线提问就可以获得老师或者同学的帮助。在课堂教学过程中,教师要关注学生的知识水平以进行针对性教学,根据学生的学习情况为其布置恰当的学习任务,在学生完成作业之后,要及时地给予教学反馈并做好教学评价,从而帮助学生实现个性化发展。

上述学习任务的完成,学校需要建设师生交互学习平台。在该平台上,有英语教师提供给学生的视频讲解以及其他学习资源,进阶作业诊断系统,以及单元测试的评价系统。学生以学生的身份登陆,教师以教师的身份登陆,两者具备不同的使用权限和管理权限。学生完成学习任务,教师管理、指导和帮助学生的学习,以此更好地辅导学生,更及时掌握每位学生的学习情况,让教学和指导更具针对性。

(三)进阶作业诊断系统、单元测试的评价系统

基于师生交互学习平台的进阶作业诊断系统和单元测试评价系统的建设,需要教育教学领域的专业人员和信息技术人员的合作完成。英语教师根据教学微视频设计的教学目标和教学内容,设计出进阶作业和单元测试的习题,最好针对一个知识点有 2~3 套作业习题和单元测试题。信息技术人员帮助教师设计在互动平台上,师生共享使用。

诊断系统与反馈系统的建设,可以减轻英语教师重复讲解和重复批改作业带来的工作负担,让教师的时间使用得更具效益。例如,可以更多地和学生交流,有针对性地对学生辅导。

第四节 翻转课堂在高校英语教学中的应用

一、翻转课堂在高校英语听力教学的应用

（一）利用翻转课堂改变英语听力教学方式

翻转课堂教学模式与传统的听力教学方式有明显的区别，在教学主体上，翻转课堂将教学的主体由教师转变为学生，使得学生在教学中的主体地位得以凸显。对于英语听力课堂教学来说，翻转课堂教学模式给予了教师一定的教学启示。在翻转课堂理念的影响下，教师开始注重引导学生在不同的阶段进行听力学习，从而帮助学生潜移默化地提升英语听力。

首先，教师要在课前将学生存在的学习听力问题集中起来，在课堂上帮助他们解决，并发挥好引导作用。翻转课堂始终坚持将学生置于教学的中心位置，教师在课堂教学中扮演的角色只是教学的引导者与辅助者。在课堂教学开始之前，教师需要提前为学生准备一些听力材料，让学生完成自主学习，并将学习过程中的问题记录下来借助网络平台给予教师及时的反馈，教师则需要将这些问题集中归纳以方便课堂的答疑解惑。在教学课堂开始之后，教师要引导学生利用所学知识解决之前自主学习时遇到的问题，帮助学生再次思考并辅助他们深入理解问题，从而使他们能够找出解决问题的方法。

其次，英语翻转课堂中，教师要组织好课堂教学活动，鼓励学生积极针对问题进行讨论。以往的听力课堂，学生解答困惑的方式都是通过教师讲解，但是翻转课堂却将学习的主动权还给了学生，使学生成为解决问题的主力，而教师在这个过程中扮演的知识课堂教学的组织者。因此，教师要积极鼓励学生对于听力学习问题进行讨论，使学生在小组讨论中形成辩证思维能力，从而帮助学生学会转换角度来思考与解决问题。教师要鼓励学生尽情展现自己。踊跃表达自己的想法，还要激励学生勇敢发言，并对其发言进行及时反馈，从而帮助学生提升听力学习的积极性，使学生在真实的交流中提高英语口语的运用能力。

最后，教师要做好课堂教学的协调者。在英语翻转课堂中，学生讨论到一定的程度，就会针对一个问题产生争议，这种情况一旦发生，就需要教师做好教学协调工作。第一，教师要找准争议点，使学生针对争议点展开积极讨论，并给予指导与帮助。第二，教师要尊重学生的发言，给予他们充分的言论自

由，只要是合理的言论都应当给予支持。如此一来，学生学习的热情就会十分高涨，同时，学生在讨论中学习了别人的经验，也提高了英语听力能力，可谓一举两得。但关键的是，教师要对学生的激励争论做好管理和控制，避免使争论变成争吵。

（二）翻转课堂模式在高校英语听力教学中的实际应用

1. 因材施教，恰当评判

由于学生的英语知识水平不同，所以教学目标的设定也应当有所不同。英语听力教学中，教师要对学生的英语学习情况有充分地了解，对学生的知识水平与结构进行评估，从而做好听力学习能力与水平的分类。对于英语学习能力较强的学生来说，他们对知识的把握度更高，因而可以为他们适当增加一些学习任务，以此促进他们的全面发展。而对于学习能力较薄弱的学生，则要为其选择适合他们接受程度的学习内容。在学生完成布置的学习任务之后，教师要及时做好教学评价，从而根据学生学习情况对教学做出相应调整。而在翻转课堂的英语听力教学中，教学任务的制定需要借助网络这个平台才能完成。

例如，教师在结合学生学习情况做好听力学习材料分类后，在网络平台上发布不同难易程度的学习任务，使学生自主完成下载，从而实现自我学习。学生首先要了解自己的学习情况和自己所掌握的知识的程度，然后以此为基础来下载任务，这样的话，学生就可以提前预习将要学习的内容，促进自身的自主学习能力的提高，还要了解自己的听力知识的掌握情况，并把重难点和有疑问的地方标注出来，从而在课堂上针对性地听课。我们之所以在课堂上使用翻转课堂教学的模式，主要就是因为学生的能力差别很大，这样的模式可以促进学生的学习能力的提高，把学生的学习热情激发出来，最终促进教学效率的提升。

2. 明确教师的角色定位

当我们在使用翻转课堂模式来开展教学的时候，可以把教师的角色明确下来。在英语听力的教学中，学生是教学的主体，教师可以对学生的教学进行一定的指导，改变传统意义上的把教师当作教学的主体的模式，促使学生成为课堂的主要角色，这一点是翻转课堂的核心。在真正进行教学的时候，教师要尊重学生自己的想法，确保课堂上的教师和学生是平等的，对翻转课堂模式进行合理的运用，改变传统意义上灌输式的教学模式，让教师变成学生学习的指导者、监督者。教师需要明确的一点是自己是为学生服务的，要积极帮助学生解决遇到的问题，故而，教师需要促进自身的教学水平的提高，还要培养自身的综合性素质，把握英语听力的教学方法，帮助学生提高自身的英语听力方面的技巧，最终促进英语学习水平的提高。除此之外，每个学生的情况都是不一样的，故而，教师在教学的时候要因材施教，针对各个学生的情况进行具体的分析，在课堂上的时候有效地传授知识，把自己的定位明确下来，从而认真完成教学的任务。

3. 加强小组合作学习，发挥学生的主体性

小组合作模式的应用要进行加强，把学生的主体性地位展现出来，积极构建高等院校的听力教学的翻转课堂，通过小组合作的优点，把翻转课堂模式构建出来。教师可以把整个班级的学生划分为好几个小组，每个小组的人数大约是五个到八个人之间，因为每个学生擅长的东西不一样，故而，他们在小组中的角色也就不一样。[1]

小组的学习合作，可以把所有人的智慧集中起来，提高学习的效率。教师可以举行相关的竞赛，把各个小组的竞争性激发出来，并借助于知识性问答的方式，把学生的学习热情调动起来，更好地促进小组的合作学习。

二、翻转课堂在高校英语口语教学的应用

（一）翻转课堂模式在大学英语口语教学中的实际应用

1. 突破了传统课堂教学的空间和时间的限制

大学英语的口语课并不一定要在固定的教室和固定的时间里开课，教师可以根据教学的内容把课堂扩展到室外，这一点和传统意义上的课堂教学是不一样的，可以说是打破了时间和空间的限制。在传统意义上的英语口语教学中，大多采用的是大班上课的方式，很多学生都在一起听课，这样的教学比较适合学习成绩中等的学生，教师并不能照顾到每个学生。因为每个学生的水平差别很大，尤其是那些基础比较薄弱或者基础非常好的学生，都不能从中满足自身的需要。基础非常好的学生感觉在课堂上教师讲的内容都是自己已经掌握的知识，然而，那些基础不好的学生感觉自己没法跟上教师讲课的节奏。但是，当我们采用了翻转课堂的教学法以后，不论是什么样的基础的学生，都可以根据自己的需要和实际的情况开展自主性的学习。这样的话，传统意义上的课堂上的时间就留给了教师和学生，教师和学生可以进行互动式的交流，促进了学习效率的提升。

---

[1] 何冰，汪涛. 翻转课堂与英语教学 [M]. 长春：吉林人民出版社，2019：135-136.

2. 突出了学生的主体性地位

在大学生英语的口语课堂上,学生是真正意义上的主体,这促使学生自主性地开展学习的积极性得以提高。在传统意义上的课堂教学中,教师先教授给学生,然后再让学生练习。在课堂上的时候,基本上就是这样的教学流程——"新课导入——知识讲解——布置作业",并且这些流程都是教师自己完成的,然而,只有教师给学生布置的作业是学生自己完成的。但是,在翻转课堂的教学中,课堂教学的结构已经发生了非常大的变化,采用的是先自己学,然后教师教的方式。课堂主要划分为两个部分,前半部分主要是"研讨——练习——辅导",后半部分主要是"布置预习——预习指导",这两个部分都是把学生当作主体,并主动参与其中。在课堂之外的知识的预习中,学生仍是主体。故而,我们可以看出,在大学英语的口语教学中,翻转课堂充分调动了学生学习口语的积极性和主动性,促进了学生的英语口语能力的提高。

3. 利用丰富的网络资源,塑造良好语音环境

在网络上,有很多非常优秀的口语教学的相关资源。教师并不一定非得要自己录制教学的相关视频,其可以搜集和教学有关的视频,比如,发音的规则、情景对话等。在很多大型的英语学习网站上,都会有一些比较专业的口语教学的视频,这些视频资源的语音非常标准,语调也非常优美,都是一些专业的英语口语教师和专业的团队制作出来的,质量是绝对有保证的。即便是讲授英语口语课程的教师的口语表达能力并不是太好,学生也不会受到影响,这一点弥补了传统意义上的英语口语教学的不足之处。翻转课堂为学生营造了较好的语音环境,学生不只是模仿发音这么简单了,而是在视频中了解句子使用的情景,从而在实践中自己也能用于相似的情景中。

(二) 翻转课堂下大学英语口语教学模式

1. 教学目标

翻转课堂的英语口语教学模式促使学生敢于说英语,并且非常善于说英语,在一些交际场合可以较为熟练地选择合适的交际用语,使用英语和别人进行流利地沟通。

2. 教学步骤及课堂安排

(1) 教学视频制作

①视频收集

教师可以自己搜集和教学内容有关的视频,并且这些视频的质量要有所保

证。虽然说很多大型的英语学习的网站中就有各种各样的教学资源，但是，这些资源主要都是理科的内容，英语学科的视频很少。假如我们只是把这些网站告诉学生的话，学生可能会花费很多的时间还是找不到自己所需要的英语资源。故而，我们希望教师自己或者科研小组来寻找语音标准、语调优美、质量较高的专业视频资源。与此同时，高等院校的各个学院还可以成立教研小组，在小组内部定期进行研讨，教师和教师之间可以沟通和交流，把自己的资源分享给大家，认真听别人的讲课，观看别人找到的或者自己制作的教学视频，相互交换意见，大家一起进步；还可以一起制定教学的目标和方法，共同探究和讨论怎样进行科学的评价。

②视频制作

通常来说，如果一节微课视频非常优秀的话，都会把时间控制在5~7分钟以内，然而，教师并不一定非要去控制视频的时间，以至于把一些非常重要的方面给忽视了，比如，英语教学的视频的发音一定要标准，每一个发音都要饱满，与此同时，教师还要具有一定的幽默感，这样就能形成自身的魅力，促使学生喜欢上去看视频。当然，在讲解知识的时候，最好配上字幕，并且字幕最好使用英文，并用红笔对重点进行标注。

(2) 课堂设计实例

导论课并不一定适合使用翻转课堂的教学模式。通常来说，导论课是比较系统的，翻转课堂使用的是一个个的视频，这样的视频缺乏系统性。这个时候，教师就可以做一个比较完整的、系统性的视频，或者做一个纸质的目录，以此来引导学生，让学生根据相对应的目录来观看视频。

在学期内，每一个学生都要尝试走上讲台面对全班的学生讲话，并且尽可能让学生有更多这样表现自己的机会。我们还要把专题性的口语教学视频和口语活动有效地结合起来，促使学生在实践活动中更好地了解专业性的术语，并进行灵活的使用，学会一些固定的搭配。与此同时，学生勇于开口讲话的话，就能尽可能地减少学生的口语焦虑。

(3) 评价体系设立

如果说某一项教学活动非常完整的话，那么，评价这一环节就是不能缺少的。传统意义上的教学评价的主要内容是学生的作业和考试的成绩，但是，翻转课堂的评价大都是在网上进行的。一些学校的翻转课堂教学实验比较成功，很多教师开发了即时性的在线自我检测，也就是在视频当中穿插着设定一些题目，当回答是正确的以后才能继续后面的学习，就像是在闯关，这和学生的心理是比较适应的,受到学生的广泛欢迎。与此同时,教师还要根据每个学生的学习情况对其进行发展性评价,对学生的优点给予鼓励和肯定,并让学生和其他同学或者教师多加交流和沟通,把小组学习的积极作用充分地发挥出来,教师还要把学生身上的缺点指出来,并提出改进的意见,进而帮助学生解决口语学习中的问题。

第四章　构建高校英语移动课堂

在移动互联时代，由于云计算、网络带宽、海量存储等基础技术的发展与成熟，各种移动终端的应用与普及，各类移动信息平台如雨后春笋、百花齐放，满足了学生随时、随地、随机学习英语的需求。基于此，高校也应该行动起来，为学打造英语移动课堂，从而帮助学生高效学习。

第一节　移动课堂概述

一、移动课堂产生的时代背景

（一）信息技术时代

第三次科技革命带来了信息技术的飞速发展，掀起了信息革命。信息革命以互联网的全球化普及为重要标志。信息技术的巨大变革引发新的技术变革，对社会发展产生了深远的影响。

当今社会处于数字化、信息化时代的转型时期，新技术的快速发展和广泛普及对人的发展提出了更高的要求。[1] 在这个时代的转折点和关键点上，我们需要重新审视教育制度和教学模式，思考如何在教育教学中充分利用现代技术并最大限度地发挥技术的有效性。处于信息化潮流之中，我们的教育目的之一必然包含——我们能够积极主动地处理信息，提高信息处理能力，包括信息的获取、分析、加工等方面的能力，具备信息素养。

信息技术对教育的各个方面、各个环节都会产生颠覆性的变革，它正在改变我们的学习习惯和学习方式，也在改变学校的教学模式。我们没有理由不转

---

[1] 聂凯. 移动网络课堂与信息化教学资源的传播分析 [M]. 成都：四川大学出版社，2018：22.

变教育观念，重新审视教育技术，从不同的视角积极主动地探索信息革命下如何进行教育变革，如何在教育中充分利用现代信息技术以促进教育的发展。

(二) 教育变革时代

在工业革命之前，学徒制一直是最主要的教育形式。学徒制强调的是现场教学、个别化教学和代际间口传手授，教学发生在真实的工作场所中，徒弟在师傅的指导下学习和实作。学徒制培养出了具有高超技术水平的技艺人员。

工业革命的兴起使得工厂的规模扩大，这样就急需大量的具有一定知识和技能的劳动力。也就是说，近代资本主义的兴起要求广泛普及教育，扩大教育规模，提高教学质量和效率，迫切要求在短时间内培养出大批量受过良好教育的劳动者。然而，传统的学徒制难以满足这一需求，班级授课制这一新型教学组织形式也就应运而生了。

班级授课制是以班级为单位，由教师按照固定的课时表安排，向固定的学生教授统一内容的一种教学组织形式。

班级授课制的基本特点可以解释班级授课制为什么能够顺应工业革命之需，自其创立以来，一直持续至今，依然发挥着非常重要的作用。

第一，班级授课制有利于学生在有限的时间里掌握大量系统化的知识。第二，教师可以进行"一对多"教学，可以大规模地向全体学生进行授课，提高了教学效率。第三，班级授课制按照"课"来确定统一的教学进度和学习要求，在教学中管理学生按照统一的步调执行即可，教学管理更为高效。因此，班级授课制能够高效地培养大量的人才，这正好迎合了工业革命对大量劳动力的迫切需求。

随着计算机和网络信息技术的发展与广泛应用，当今社会已经步入了信息化时代。信息革命不仅仅要求我们具备一定的专业知识和技能，还提出了更高层次的发展要求，比如：熟练掌握信息技术，学会及时处理应急事件，拥有不同于他人的独特想法，能够自主学习新鲜事物，敢于探索求知，等等。因此，信息革命对教育提出了更高层次的目标要求。然而，传统的班级授课制教学组织形式已经难以充分满足这一要求。

信息革命带来的新型理念冲击着人们的思维，提出的新要求促使人们适时做出改变，终身学习和自主学习在当下备受关注。人人都应该接受终身教育，进行终身学习；人人都需要积极自主地有选择性地进行学习，以适应时代的发展和满足自身的发展需要，从而更好地实现自我价值和获得完满丰盈的生活。第一次教育革命发生在从农业社会到工业社会的转型时期，在工业革命的助推之下，教学组织形式由学徒制过渡为班级授课制。第二次教育革命初见端倪，在信息革命浪潮的助推下，教学组织形式由班级授课制向终身学习、自主学习发展。通过简要梳理教育发展的历程，我们可以看出教学组织形式由手工学徒制到班级授课制再到现时代的终身学习、自主选择学习的变迁和发展趋势。因此，我们需要审视教育教学的现状，以找到教育教学的出路。

首先，教学内容与社会实践脱节。学校教育与社会实践存在着脱节的现象。虽然学生在学习知识的过程中也会锻炼逻辑思维等能力，但是传统教学必须做出改变。我们需要关注学校课程体系与学生发展的结合，构建适合并促进学生发展的课程体系，实现课程的生活化和实践化。

其次，传统教学往往在教学内容、教学进度等方面"一刀切"。那些"学得慢"的学生常抱怨教师讲得过快，自己还没有完全理解某一知识内容，但是为了跟上教师的进度，只能接着学习后面的知识，而前面那些没有掌握、没有彻底弄明白的知识点就成了疑难点。长此以往，这样的疑难点越积累越多，以至于这类学生慢慢成为所谓的"差生"。与此形成鲜明对比的是，那些"学得快"的学生，他们能够较快地理解知识内容，厌烦教师一遍又一遍地讲解，希望得到较高层次的拓展提升，或者希望进行下一阶段的新知识学习，但是传统教学往往限制了他们的这些需求，当然，也就剥夺了他们发掘自己潜能的机会，也许还会慢慢降低他们的学习兴趣和积极性。因此，我们需要思考如何才能使得每一名学生都能够按照自己的学习进度和学习特点进行学习，以使得每一名学生都能够最大限度地发挥自己的潜能。

再次，传统教学重视结果，轻视过程；重视知识的知晓，忽视智慧的培养；重视知识的获得，忽视情感的感悟和生活的体验。在教学中，我们更多关注学生掌握了多少知识，忽视学生切实感悟到什么、体验到什么；关注学生"学会"，忽视学生"会学"；关注学生的学习成绩，忽视学生的潜能；关注学生的学习结果，忽视学生的思维过程。现实中不论是教师还是家长，都非常关注学生的考试成绩，较少关注学生在学习上的其他表现——学生是否具有良好的学习习惯，学习方法是否有效，学习积极性是否有待提高，学生的问题意识、交流表达能力、独立思考和探索能力的发展情况如何等——甚至忽视学生完满性格的发展、道德品行的完善等等。

最后，传统教学强调教师的主导作用，尚未深入发挥学生的主动性。传统教学中，教师往往按照自己的教学设计按部就班地进行教学，学生在课堂上被动地听讲、忙于记笔记，课后又忙于完成作业，以应付各种考试。学生面对更多的是"听课、做笔记、做练习、考试"[①]，属于学生自己思考的时间较少，

---

① 张春艳. 终身学习时代背景下的英语移动学习 [M]. 长春：东北师范大学出版社，2018：26.

这样会导致学生缺少学习的热情和好奇心,缺少个性化创想。教师虽然发挥自己的主导作用来顺利、高效地完成自己的教学任务,但对于发挥学生的主动性、积极性与创造性还有待加强,还需要进一步探索,怎样使学生成为有智慧、有个性的完整的人,而非仅仅是具备知识但缺少灵性的人。

综观以上可以看出,一方面,传统教学自身存在着种种弊端和缺陷;另一方面,现时代又有"终身学习、主动学习"的新教育要求。因此教育正处于关键的转折点上,必须抓住时机适时做出变革。

二、移动课堂的定义与构成

(一) 移动课堂的定义

移动课堂是指在课堂教学活动中使用搭载有移动教学平台的移动智能终端设备辅助教学的一种新型课堂。

(二) 移动课堂的构成

移动课堂主要由教师、学生、教学内容、教学环境和评价组成。教师是教学的主导、引导者,以学生为中心,根据学生的学情、兴趣制定合适的教学方案,聚焦学生的兴趣,准备相应的教学资源,组织引导学生进行自主学习;学生是教学活动中的主体,学生的学习兴趣、学习态度都会影响其知识接受的多少与快慢;教学内容是课堂教学活动中所要展示的内容,包括课堂呈现形式、知识点、教学资源等;教学环境为教师和学生、学生和学生之间提供交流互动的场所,如选择上课地点、准备教学所需的搭载有移动教学平台移动智能终端、营造生动形象的课堂氛围等;评价则是根据学生的表现对学生进行分析评价,并根据每个学生的具体问题,反馈适合学生的学习指导方案。

三、移动课堂的特点

(一) 移动性

移动课堂的最为本质的特点就是移动性。移动课堂使用的是移动智能终端来开展教学活动,因为移动智能终端既轻便,又小巧,携带起来非常方便,故而,教师和学生开展教学活动可以不受时间和空间的限制,教师想讲课的时候就能讲课，学生想学习的时候就能学习。① 比如，教师想要在课堂上讲授的学习内容，可以借助于手机等通信设备推送给学生，学生不论是在家里还是在公交上或则会其他什么地方，只要想学习，都可以借助于平台进行学习。

（二）学习资源丰富

因为移动课堂使用的移动智能终端实际上就是把大数据当作基础的应用程序，教师可以快速地找到自己所需要的教学资源，在课堂上的时候也能及时地查找相关的资料。与此同时，那些比较优秀的教师还可以把自己比较优秀的教学方案、视频等分享出去，供其他人学习和使用。

（三）交互性

移动课堂促使教师和学生、学生和学生之间可以进行交互式沟通，不只是能进行实时的交流，还能进行非实时的交流。比如，不论是在上课之前，还是上课的时候或者上课以后，教师提出来的问题和发布出来的检测等都会得到及时的反馈，这样的话，教师就能较为快捷地了解学生的学习情况，即便是学生提出来的问题，教师也能在第一时间里给予恢复。尤其是在寒假或者暑假的时候，当学生在家里遇到难题不能有效解答的时候，也可以借助于移动教学平台寻求教师的帮助。

第二节　移动课堂理论基础——移动学习理论

一、移动学习理论形成的基础

（一）活动理论

活动理论主要研究人类的活动过程。个体的发展是个体在一定的社会历史文化背景下社会协商活动的结果。活动理论关注的基本单位是活动，活动系统由主体、客体、工具、规则、共同体、劳动分工六个要素构成。在教学活动中，学习者是教学活动的主体，教学活动的设计和开展应该以学习者为中心。教学活动的客体是学习目标、任务、内容等，是主体通过学习活动要取得的结

---

① 吴开诚. 移动教学探索［J］. 课程教育研究，2016（9）：141-142.

果。共同体是学习者、教师、父母等学习活动的其他参与者，为主体提供必要的学习资源和帮助，从而不断影响主体知识意义的建构。移动学习活动中的工具是指用来帮助主体达到学习目标的物质和技术支持，如平板电脑、手机、电子书阅读器、电子书、移动学习软件以及其他传统的学习用品。规则主要用来协调主体与客体、主体与共同体之间的相互关系，保证学习活动成功开展。学习活动中的参与者要劳动分工明确，教师、学习者、其他学习活动参与者各司其职、协调合作，使学习活动得以顺利进行，帮助学生实现学习目标。主体、客体和共同体是活动的三个核心元素，三者间相互作用，便于主体建构意义。

（二）会话学习理论

教师不能简单地把知识灌输给学习者，要由学习者积极地建构知识的意义。这就需要学习者主动参与学习活动，与教师、其他学习者、外部世界，甚至是自己交流、会话、协商，通过做实验等方式验证自己的观点，通过问问题、与他人合作等探索新知识，培养新技能。新型移动技术的应用扩展了会话的渠道与会话的空间，移动技术为学习者提供虚拟学习环境、论坛、在线社团和帮助系统等，这不仅为单个学习者，而且为学习小组和学习社团提供了共享的会话学习空间。学习者就是这样不断地通过会话积极建构知识的意义。

二、移动学习的概念与要素

（一）移动学习的概念

随着移动计算技术的快速发展，在教育技术领域一个新的概念悄然而生，这就是移动学习。目前，关于移动学习内涵的典型理解有以下几种。

（1）移动学习是移动计算技术和 E-Learning 的交点，它能够为学习者带来一种随时随地学习的体验——强调基本特征。

（2）移动学习是通过信息家电设备实现的数字化学习——强调数字化学习。

（3）移动学习是在移动通信技术的支持下发生的随时随地学习，这些设备必须能够呈现学习内容并在教师和学生之间提供无线的双向通信功能——强调实现技术。

（4）移动学习的发展将使学生在远程学习方式上更加自由，只要能够实现电话装置的无线通信连接的地方都可以进行学习。无疑，下一代的远程学习方式将是移动学习——强调学习方式。

通过这几个概念可以看出，"学习者可以在任何地点和任何时间进行学习"应该是移动学习的根本特征，但不是完全特征。如果仅仅认为随时随地可以进行的学习就是移动学习的话，那么移动学习应该早就存在了，因为人们通过印刷学习材料也可以使学习者随时随地进行学习。如此一来，移动学习也就不是新的学习方式了。因此，第二个概念所突出的数字化学习的特点是非常必要的，这就使得移动学习的概念与传统的学习方式区别开来了。那么数字学习与移动学习的区别又是什么呢？移动学习实现的技术基础是移动计算技术和互联网技术，即移动互联技术，这样可以使学习者摆脱电脑桌和屏幕的限制，能在任何时间和地点进行学习，由此可以认为移动学习应该是一种特殊的数字化学习方式。第四个概念突出了移动学习是一种新兴学习方式的含义。

通过以上的分析可以看出，移动学习是一种新的学习方式，并且是一种特殊的数字化学习方式，具有随时随地进行学习的核心特征。基于这样的认识，可以把移动学习概括为：关键利用移动通信技术实施的具有随——时随地交互特征的数字化学习方式。通过移动学习方式实施的教育称为移动教育。

（二）移动学习的要素

移动学习由学习主体、学习设备、学习资源、学习环境、学习系统、学习活动组成。

1. 学习主体

移动学习的学习主体范围非常宽泛，只要是需要进行学习，并具有一定的学习设备如智能手机、平板电脑等设备，即可在任何地点、任何时间开展移动学习，不论其年龄、性别、学历、职业等。移动学习可以给予想学习的人以学习的平等机会。

2. 学习设备

移动学习是在移动设备帮助下开展的学习。那么学习设备必须要符合移动学习的特性——便携性和通用性，学习设备可以是智能手机、平板电脑、笔记本电脑等。

智能手机由于其普及性以及随时随地可以上网的特点，成为现在大多数人的首选设备。学习者可以运用智能手机下载学习类的应用程序或者教学音视频，也可以利用手机上的网络功能登录一些网络教育平台进行学习。由于智能手机的超便携性和诸多强大的实用功能，智能手机成为移动学习的主流终端设备。

平板电脑也可以上网并下载相关的学习资源，但由于平板电脑的体积较大，这既是平板电脑的优点也是缺点。优点在于平板电脑屏幕比较大，视觉感受比较好，另外平板电脑的整体性能要优于智能手机，但是缺点在于体积较大，不方便携带。

笔记本电脑的功能和性能更加的强大，但由于其体积更大，更不方便携带，因此使用率也不是很高，但是对于某些对学习设备硬件要求较高的移动学习项目，如多人在线视频学习或者慕课等，或者对于那些需要运行某些特定的大型软件程序的课程，笔记本电脑便无可替代了。

3. 学习资源

移动学习的学习资源和传统的学习资源在结构和内容上都有较大的区别。在移动学习环境下，因为学习设备的快速发展，学习者使用的设备越来越丰富，而不同设备对资源的需求不尽相同。因此在设计移动学习资源时，要注意学习资源设计的规范性和自适应性。

在学习资源的内容设计上也要注意移动学习的片段化特点，移动学习资源一般以知识元为核心，把移动学习资源进行分割，按知识元之间的内容，将之连接成一个知识系统。学习资源的设计还要考虑到学习者在进行移动学习时，一般都具有较强的学习动机，移动学习资源的设计要明确、直接、可预览。

4. 学习环境

移动学习环境是指学习者进行移动学习的虚拟环境，移动学习基于互联网环境，使学习突破时间和空间，跨越不同环境开展学习。在学校领域里，移动学习越来越被用作衔接正式学习与非正式学习的手段，通过移动学习设备来支持和连接学习，把课堂内外的、校园内外的学习紧密结合在一起。

5. 学习系统

移动学习系统是根据学习目的和学习内容来设计的学习系统。针对不同的学习目的和学习内容有不同模式的学习系统，一个完整的移动学习系统包括对学习者的学习支持、为学习者提供良好学习体验的自适应设计相关学习消息的推送、支持线上线下操作的学习培训、支持合规性和规范性需求、提供操作性指南。

移动学习系统可以分为移动学习用户端和移动学习管理端。移动学习用户端是学习者进行学习的途径；移动学习管理端是进行学习系统管理的平台，是学习系统的管理人员进行学习通知发布、学习任务发布、学习资源上传、学习者数据分析等操作的平台，是移动客户端的支撑平台。

6. 学习活动

对于学生来说，进行移动学习时学习的自由度比较大、自主性比较强，因此组织好学习活动对于保证移动学习的高质量有重要作用。移动学习的学习活动设计也是非常重要的。移动学习活动设计不仅要具有教学设计的思想，还要考虑到移动学习的特点，重视学习者的移动学习体验。

移动学习活动设计，主要包括学习者特征分析和教学情境分析、教学内容和教学目标分析、学习资源的设计与开发、移动技术与教学环境的整合、移动教学策略的设计及移动学习结果的评价。现在比较常见的移动学习模式有翻转课堂和混合学习等。

三、移动学习技术系统

从通信技术角度看，移动学习主要是依托无线移动通信网络、国际互联网以及多媒体技术，学生使用移动学习终端在任何地点、任何时间实现与教师、教学资源和其他学习者之间的交互式教学活动。

移动学习技术系统的基本组成部分是移动学习终端、移动教育网络、Internet 教学服务器与直播教室。

（一）移动学习终端

移动学习终端应该具有可携带性、无线性、移动性的特点。可携带性要求设备形状小、重量轻，便于随身携带；无线性是指设备入网无需连线；移动性指使用者在移动中也可以很好地使用。移动学习终端应该是 WAP 蜂窝电话、PDA（Personal Digital Assistant，个人数字助理）、掌上电脑和混合设备。如果移动教育网络能够提供很好的移动和宽带服务，相信更多类型的移动学习终端会马上出现。

目前所说的移动学习终端一般是指三代手机和具有无线连接的笔记本电脑等。

（二）移动教育网络

该网络是整个移动网络的一部分，由多个基站组成，用来发射或接收来自移动学习终端以及互联网的信息，并通过空中接口将移动学习终端与互联网实现无缝连接。无线移动教育网是移动学习技术系统中的关键组成部分，也是制约移动学习的瓶颈。

目前无线移动教育网络基本上是 4G 或 5G 网络。

（三）教学服务器与直播教室

教学服务器与互联网相连，存放丰富的教学资源以及相应的服务程序。直播教室可以把教室的上课现场图像、声音和课件数据等信息转化成符合 Internet 或无线教育网络传输的数据格式进行实时传输，学生利用移动学习终端可以进行实时学习或与主讲教师进行实时交互。

（四）Internet

该网络就是人们目前正在广泛使用的因特网，该网络的相关技术应该说相当成熟了，是数字化学习资源的有效载体。

从整个移动教育系统的框架来看，Internet、教学服务器、直播教室是数字化教学资源的主要载体，移动学习终端和无线移动教育网则是连接学习者和数字化教学资源的主要媒介。

四、移动学习在教育中应用的基本形式

根据移动学习项目所使用技术的实现形式，我们可以将其基本形式大致划分为以下三种：基于短消息的移动学习，基于浏览、连接的移动学习，基于校园无线网络的准移动学习。

（一）基于短消息的移动学习

短消息是各类无线增值服务中发展最早、相对成熟的业务，同时以其低廉的价格和对技术要求低等特点广泛应用于手机用户中。将短消息应用于移动学习是早期移动学习的基本形式，这种移动学习除了提供语音服务外，还提供使用字符的短消息服务（Short Message Service）。通过短消息，不仅可以使学生之间，也可以使学生与互联网服务器之间实现有限字符的传送。学生通过手机等学习终端，将短消息发送至互联网教学服务器，教学服务器分析用户的短消息后将其转化成数据请求，并进行数据分析、处理，再发送给学生手机。利用这一特点，可以使学生通过无线移动网络与互联网之间的通信来完成一定的教学活动。基于短消息的移动学习可以实施的教学活动有：第一，学校对教师和学生的教学活动通知；第二，学生向教师提问以及约请教师浏览和回答；第三，学生对考试分数和作业提交情况进行查询；第四，进行一些简单的测评和辅导。

总之，通过短消息可以实现学生和学生之间、学生和教师之间、学生和教学服务器之间以及教师与教学服务器之间的字符通信，使这些教学活动不再受时间、地点和场所的限制。

（二）基于浏览、连接的移动学习

对于基于短消息的移动学习来说，其数据通信是间断的，不能实时连接，因而不能利用该种方式实现移动学习终端对学习网站的浏览，也就是很难实现多媒体教学资源的传输和显示。随着通信芯片和DSP（Digital Signal Processor）性能的提高以及4G、5G通信协议的普及，移动通信技术得到更大改进，通信的速度也大大提高，基于浏览、连接方式的移动学习得到广泛的应用。该方式是学生利用移动学习终端，经过通信网关后接入互联网，通过 WAP 协议访问教学服务器，进行浏览、查询、实时交互，类似于普通的互联网用户。由此可以看出，基于浏览、连接的移动学习方式不但可以传输文本，还可以传输一些图像信息。

（三）基于校园无线网络的准移动学习

所谓准移动学习是指可以在局部范围内实现移动学习。根据移动学习环境的范围和不同的需求与功能，校园准移动学习环境建设可以有以下三种形式。

1. 集中控制方式

适用于教室范围内的移动学习。集中控制方式需要一个无线设备作为中心控制点，所有站点对网络的访问均由其控制。

2. 中继连接方式

适用于整栋楼或两栋楼范围内的移动学习。对于整栋楼来说，每个楼层安装一个 AP（Access Point），多个 AP 通过有线介质连接起来并与校园网连接，从而使整栋楼成为一个移动学习环境，楼内每个移动学习终端都可以互相通信和使用校园网资源。

3. 混合连接方式

适用于校园范围内的移动学习。混合连接方式是以有限校园网为核心，将各种无线移动学习区域连接起来构建校园范围内的移动学习环境的组网方案。由于校园准移动学习环境只是校园内的有限范围，且采用比较成熟的无线局域网络技术，而不是 GSM/GPRS/CDMA 等技术，所以具有很高的传输效率，不仅可以传送文本、图片等，还可以传送一些低带宽的动态多媒体教学内容。因此，不但基于短消息、浏览、连接的移动学习的功能可以实现，现有的基于校园网络的一些教学功能基本上都可以实现。

（四）基于视频和交互的移动学习

基于视频和交互的移动学习是依靠 3G/4G/5G 无线通信技术实现的，学生可以使用智能移动终端通过无线通信协议访问教学服务器，观看视频，完成师生，生生之间的实施交互。

五、移动学习的发展趋势分析

现在，我们所研究的移动学习，有的把关注点放在理论的探究上，有的把关注的重点放在实践的探索上。理论探究就像是移动学习的概念、移动学习和其他学习的区别、移动学习的利和弊、移动学习面对的机遇和挑战等。实践性的探索指的是移动学习的技术支撑、移动学习在不同层面的应用等。即便是这样，我们不得不承认的一点是，我们对移动学习的研究还处于初级阶段，需要进一步的探究。

（一）移动学习设备专业化

现在的移动设备的出现并不是为了应用于移动学习中，故而，我们认为，移动设备应用于移动学习是附带的功能，故而，在实际学习的时候应用移动设备或多或少存在一些问题，也许移动学习设备只有向更专业化方向发展才能更好地解决技术性的难题。

（二）学习观念的转变

学习人员应该不断促进自身的观念的转变，并且意识到为什么要使用移动学习设备，还要依据自身的需要制定比较个性化和系统性的学习计划，促使移动学习和正式学习相互补充，最终促进学习效率的提高。除了这些以外，教育机构和教育主管部门也应该认识到为什么要使用移动学习设备。即便是现在还是有很多大学禁止学生使用手机，并且认为，很多学生由于使用手机做一些和学习没有关的事情，耽误了学习，这一观点并不是完全正确的。假如学生对学习没有兴趣，即便是禁止使用手机，学生也不能把注意力转移到学习上，故而，全面禁止手机的做法取得的成果并不理想。语气全面禁止学生使用手机，不如对学生进行一定的引导，让其把手机合理地应用于学习中，就像是治理水的最好的方法并不是堵住水，而是对水进行引导和疏通。与此同时，教育机构还应该推广使用移动学习，比如，建设无线网络系统，为移动学习提供技术性的支撑；建设移动学习资源，比如电子图书等各种学习资料，促使移动学习更具资源性的保障。

（三）管理与评价机制建设

就现在的情况看来，很多学习人员的移动学习行为表示比较短暂的和分散的，缺乏一定的系统性和长期性，一部分学习人员的自主性学习意识并不是很强，并不能坚持下来，不能对自我进行有效的管理，也就不能对自身的学习效果进行有效的评价，故而，我们应该研究和制作对学生进行跟踪管理的相关机制，促使学习人员及时迅速地了解自身的学习情况。这一点就像是现在的智能设备可以对我们的日常生活、工作等进行记录，我们可以据此调整我们的生活状态，从而健康地生活。与此同时，我们还要建立较为有效的评价机制，以此来评估学习人员的学习效果，并提出相对应的意见和建议，引导学习人员的学习。

第三节 高校英语移动课堂教学模式构建

一、高校英语移动课堂教学模式构建思路

（一）实践经验的总结与创新性应用

移动课堂是一个新生事物，教学模式的构建是一项教育教学的创新之举，为此，借鉴并创新地运用相关经验，无疑是最恰当的选择。

在利用微信平台进行移动英语教学的实践时，其参与者总结出了如下的经验：借助平台的实时反馈和展示功能，在时间标准和计分标准上进行巧妙设定，以文字、图片、音频或视频等多种形式展示，可以充分调节课堂节奏，有效实现课堂的实时互动教学效果。移动与传统课堂一样，都需要与教学相关的文字与图片的展示，音频与视频的参与，以提升其课堂教学效果，再加之微信平台具有良好的互动性，使原本存在时空隔离的英语课堂同样具有了师生互动的特点——这就是后续构建与移动课堂相互匹配的教学模式中应该重点考虑的课题。

移动课堂要与碎片学习的理念结合。通过移动终端，学生可以随时、随地、反复地观看某一教学内容，但莫不如把过多的教学内容，过长的教学视频进行相应的简化，以微课的方式向学生展示。这就需要在总结微课改革经验的基础上，对如何进行移动课堂教学模式的思考。为此，总结经验很重要。

（二）实现资源的共享

在不同的地区，移动课堂的开展进度是不一样的。不论是一个学校还是一个教师，都不能自行解决移动课堂的发展问题。故而，要想通过共享的方式把各个院校所拥有的移动课堂资源、构建教学模式的经验等分享出去，这可以更好地构建和移动课堂相对应的教学模式。

现在信息技术飞速发展，我们要想构建和移动课堂相对应的教学模式的资源共享是一件比较简单的事情。我们可以把本校的网站当作依托，并通过与之相关的移动平台实现资源的共享。

（三）评价反馈信息的收集与处理

教学模式的构建是一个固化与破除固化的过程。为此这就需要反馈相关的

教学评价信息。在信息的反馈中，信息的反馈主体涉及教学模式的构建者与高校英语教学的管理者。前者的反馈是实现由经验到理论升华的必由之路，后者是获取教学模式完善所需要客观依据的核心途径。所以在信息的反馈与获取中，我们不能忽视任何一个方面的信息。

移动课堂视角下的教学模式构建是教学艺术的客观体现。因此，它需要参与者在准确把握"移动课堂"内涵的基础上，参考其他教育教学改革的经验积累，进行个性化的教育教学探索。故而在此从这几个方面总结了构建与移动课堂相互匹配的教学模式时的思路。即构建实践经验的总结与创新性应用、教学资源的共享以及针对教学模式进行的评价信息的反馈、获取。

二、两大高校英语移动课堂教学模式

（一）移动自主学堂教学模式

移动自主学堂包含的角色有学生、教师和管理员，他们都可通过 Web 或者 iPad（或其他平板电脑）与服务器交互，实现所需的功能，如出题、出卷、布置作业、考试、做题、批改作业等。教学模式如图 4-1 所示。

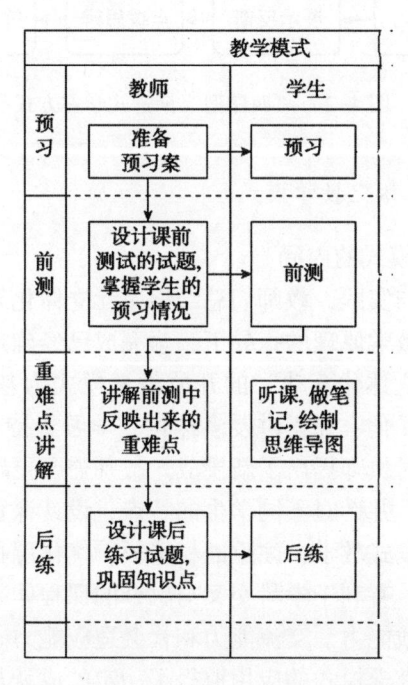

图 4-1　移动自主学堂教学模式示意图

Web 浏览器方式主要给管理员和教师提供图形用户接口，以方便使用电脑进行系统的管理工作，主要包括系统参数设置、用户管理、题库管理、试卷管理、考试管理和教学质量分析等相关功能。

平板电脑方式可为所有角色服务：管理员可以了解指定教师和班级情况；英语教师可以实现实时出题、出卷、布置作业、批改作业、改卷，查询学生学习情况等；学生可以实现实时学习、考试、练习等功能。

以"移动自主学堂"为核心，笔者还设计了"四课型"渐进式自主学习方式，如图 4-2 所示。其基本模式是：先学、精讲、后测、再学，即英语教师提前通过学生学习支持服务系统向每个学生发送资源包，包括导学案、课件、测试题及有关学习资源（包括微视频等）→学生参考资源包，依据课本进行预习自学，并记录问题或疑问→学生通过平板电脑或其他媒介展示反馈学习成果，或通过学生学习支持服务系统进行前测，通过测试展示学习成果或问题→对重难点内容由学生或教师进行点拨，在充分质疑交流的基础上进行归纳总结（教师与学生互动）→最后通过学习平台进行练习评价课，系统自动统计测试成绩并进行分析，之后由学生、教师或系统进行讲评、评价。

课前预习 → 展示反馈 → 点拨思辨 → 练习测评

图 4-2 "四课型"渐进式学习方式

（二）高校英语立体化教学模式

1. 多元立体教学模式的内涵

经过多年的探索与实践，教师们总结出多元立体化新型教学模式。所谓立体化教学模式是指在教学原理的指导下，为完成已经确定的教学目标和教学内容，以"学—导多元立体化互动"的开放教学模式为基础，探索"学生学习主动化、资源整合多元化、课程讲授多样化、学习支持立体化"的教学模式。多元立体化教学模式对教师提出了新挑战。教师需要更新教学观念，全面了解每个学生的智能特征，并针对不同学生的特点，设计课程和教学活动。多元立体化教学模式提倡启发式教学，注重因材施教；优化课程结构，构建以核心课程和选修课程相结合、有利于学科交叉与融合的课程体系；提高大学生的学习能力、创新能力、实践能力、交流能力和社会适应能力。在大学英语教学实践过程中，尽管立体化教学模式的应用取得了一定的成就与效果，但依然存在诸多问题，影响了大学英语教学质量的提升。

2. 构建网络时代大学英语立体化教学模式的途径

（1）更新教学观念

现代化的网络技术不断发展，教师需要不断改变传统意义上的教学理念和教学方式。现在，很多教师接触网络资源比较少，有的是对网络资源的利用能力并不是很强，这些都促使教师自身的知识更新的速度比较慢，这样的话，教师在教学的时候就会采用比较单一的教学方法，对大学英语的教学效果产生一定的影响。怎样才能解决这一问题呢？教师应该随着时代的发展不断进步，既要更新自身的教学模式，又要转变自身的教学理念，积极采用立体化的教学模式开展教学。在课堂上的时候，可以采用比较丰富的影像资料，不断和学生进行互动和交流。在课后，教师可以通过微信、QQ 等和学生做进一步的交流，对学生进行学习上的引导，把学生的学习兴趣激发出来，更好地进行学习。

（2）应用多媒体面授教学

教师可以对教学计划、内容和大纲进行细致的研究，然后以此为根据，安排每一周的多媒体的面授课程。每个学生的学习情况、学习进度是不一样的，再加上教学课堂目标不一样，教师可以据此设定教学的重点和目标，并且让学生在规定的时间里开展独立性的自主学习，根据教师的相关要求，学生各自可以根据自身的情况自行在网络上寻找自己需要的学习资源，从而查缺补漏，不断改进自己学习上的薄弱环节。教师还需要向学生提出一些问题，以此来检查学生的学习掌握情况，假如学生对于某一个知识点还有疑问的话，教师就需要细心为学生解答，从而加深学生对这个知识点的印象。在多媒体面授课中，我们要想促进课堂教学更加活跃，就需要采用各种各样的方式，增强教师和学生的交流。除此之外，教师还要监督教学过程中出现的突发性的和学习无关的情况的发生，这样才能提高教学的效果。

（3）培养学生跨文化意识

我们都知道，语言在一定程度上体现了文化，文化也在一定程度上制约着语言。我们要想学习一门语言，就需要对其文化有一定的了解。在开展英语教学的时候，教师要对多媒体技术手段进行充分的利用，积极培养学生的跨文化意识。比如，学生可以通过英语演讲比赛、视频短片等了解英语这一门语言的背后的风俗习惯等，增强学生的英语沟通能力，提升学生的综合素质。

（4）加强学生合作学习

学生的合作学习计划并不是随意制定的，而是要以学生学习的内容、目标和学生的个性化特点作为基础。第一，借助于视频等让学生找到和自己比较有默契的合作学习的小伙伴；第二，开展网络化的学习，对网络上的学习资源进行共享；第三，开展自主性的学习和协作式的学习；第四，教师和学生合作、学生和学生合作，积极进行讨论评价和讨论分享等。因为大学生的学习压力和就业压力都非常大，但是，网络合作学习占用的时间也是比较多的，假如不能有效引导学生，就会让学生感到有心无力。故而，教师应该引导学生对多媒体网络教学的现实意义有正确的认识，并且让学生掌握多媒体技术的方式，最终促进学生的学习效率的提高。

(5) 强化英语教学效果评价

在大学英语立体化的教学模式下，虽然说教学的内容、教学的模式很重要，但是，对学生的学习情况进行评价和监督也是非常重要的。教师可以引导学生积极参与到教学评价体系的设计中，把学生的相互评价、学生的自我评价和教师的评价等结合起来，既对过程进行考核，还要对结果进行考核，促使学生不断进步。借助于评价，教师既能发现学生立体化学习中存在的问题，又能了解学生的学习进度，从而引导学生针对自己的情况设定相应的目标，做好改进的计划。除此之外，教师还要评价学生的其他方面，比如出勤的情况、测试的情况等，这样可以调动学生的学习积极性和主动性，营造良好的学习氛围。

第四节 微信成为高校英语移动课堂教学的重要平台

一、微信平台在英语教学中的可行性分析

(一) 能够促进师生交流与互动

就现在看来，高等院校的教育的教师和学生的联结性并不是很强，教师主要在课堂上发挥自己的授课作用，学生在平时的校园生活中很少有人愿意主动和教师进行沟通和交流。然而，微信可以开展即时性的聊天，比方说，在微信群里，教师和学生可以沟通学习事宜，通过微信的语音功能，教师和学生可以开展英语口语上的交流，这样的话，不只是在课堂上，即便是在课堂之外，英语学习也是可以继续进行的。教师可以在微信群里发布学生学习的相关资料，并布置英语学习的预习方面的任务，让学生提前做好学习上的准备，促进学习效果的提高。教师和学生之间的关系对课堂教学的质量具有非常重要的影响，通过微信群，教师和学生既能交流彼此的日常生活，还能给予相互的关怀，这样一种方式可以拉近教师和学生之间的距离。

（二）能够实现个性化英语教学

高等院校的大学生的英语水平差别很大，这一点是非常正常的。英语教师需要做的就是，让本身英语水平很高的学生不要骄傲自满，继续努力学习，让英语水平不高的学生不要放弃自我。因为微信上沟通具有私密性，教师可以采用一对一的私聊方式，对不同的学生采用不同的教育方法，最终实现因材施教。在私聊的时候，学生也可以把自己在学习中遇到的问题反馈给教师，教师给予及时的答复，促进学习质量的提高。因为微信的私聊功能具有隐蔽性、互动性和及时性，故而，学生可以更为自信和有效率地进行英语学习。

（三）能够创新教师教学方法，激发学生学习热情

在传统意义上的课堂教学中，教师和学生的地位并不是平等的，教师是主体，学生只是被动地接受学习，这种灌输式的学习方式并不能带来多么好的学习效果。借助于微信进行翻转课堂教学，学生可以主动地学习和探究知识，比如，教师可以组织成立英语学习的小组，在这个基础上建立微信群组，首先把学习的任务分配下去，各个学习小组借助于课外的时间来形成总结性的报告，然后在课堂上以小组为单位分享本组的成果，这样的教学方式把课堂上的知识学习和课外的作业有效地融合在一起，促使各个小组的成员在相互帮助中都取得进步。

二、微信平台在英语教学中具体应用价值分析

（一）利用微信公众账号加强词汇量积累

通常来说，我们认为，学习的英语的词汇量越多，那么，英语学习的基础就越牢固。词汇量的掌握并不是一蹴而就的，而是需要经过长时间的积累，每天学习一点，不能奢求一口气吃成一个胖子，当然，在记忆单词的时候，还需要把握记忆的规律性，借助于语境来加深记忆。因为每天学习单词的时间不能太长，并且具有较强的随意性，故而，微信公众号是比较适合学习词汇的。教师可以把需要学习的词汇借助于微信消息的形式发给学生，既可以是图文，也可以是视频或者语音，当然，也可以结合起来，这样能把学生的学习兴趣激发出来。

（二）利用微信群组加强学生听力训练

在高等院校的英语教学中，英语听力的学习一直是比较薄弱的环节。为什

么会出现这样的情况呢？因为学生的英语听力训练比较贫乏。教师可以根据学生的英语听力能力高低把学生划分为不一样的层级，并且建立相对应的微信学习群组，然后在群组里发布和其听力能力相适应的听力材料，这样的话，学生就不只是可以在课堂上进行英语听力训练，在课下也可以随时进行。教师可以直接在微信群组里对学生进行听力测试，既能了解学生的听力训练情况，又能随时调整听力训练的难度。

(三) 利用微信强大的资源聚合效应来提高学生阅读能力

微信拥有海量的用户，在这个基础上建立起自媒体的平台，这样可以对信息进行有效的传播，很多英语教育平台就借助于公众平台成功引起了很多学生的关注。以自媒体平台为基础建立起来的英语阅读资源既增强了学生的英语阅读面，又激发了学生的英语阅读兴趣。不论是中国日报双语新闻，还是21世纪报，它们的微信自媒体平台推动的文章阅读量都在15万人次左右，由此可以看出，那些比较优秀的英语阅读材料促使大学生更好地开展阅读和学习。[1]与此同时，不论是教师还是学生，都可以把这些比较优秀的文章分享到微信群组内，让其他学生也能领略文章的风采，推动微信英语学习的有效开展。

三、运用微信公众号开展《英语视听说》教学

(一) 移动学习模块设置

教师在课堂上向学生介绍之前注册并将设计好的微信公众号介绍给学生，公布微信公众号的二维码，让课程学习的每一位学生都被添加进来，教师通过电脑端按照班级学生学习能力高低进行分组。由于微信公众平台订阅号一天只能发送一条信息，因此教师利用后台的"自定义菜单"设计移动学习模块。移动学习模块可以设置三个一级模块并且每个一级模块下面设置四个二级模块。三个一级模块分别为"微视频"模块，下设"微课导读""视频欣赏""视频学习""学生视频"；"微课程"，下设"微课件""教学设计""词汇学习""学生展示"；"微听力"下设"新闻听力""四级听力""六级听力""拓展音频"。

设定好模块内容后，教师就在每个二级模块下面发布内容，这样既解决了订阅号一天只发布一条消息的限制，又方便学生个性化定制自己的学习计划，自主选择需要的信息进行主动学习。

---

[1] 李娟. 微信平台在大学英语教学中的应用研究 [J]. 英语教师, 2017, 17 (20): 122-124.

(二) 移动学习实施过程

在模块内容设置后，微信公众平台作为课堂教学的有效补充，可以将其运用到英语课程教学中去。学生在规定的时间内学习教师下达的任务，教师通过使用微信公众平台后台"统计—图文分析"选项查询相关信息的阅读人数，教师随时督促学生在规定时间内完成全部资料的学习，学生在学习过程中碰到的难点可以使用在线交流让教师进行一对一的辅导。当然，学生也可以点击"阅读原文"查看教师提前设计好的拓展资料及参考答案。学生通过微信公众平台进行个性化自主学习后，通过文本输入或者语音解答回复订阅号，将学习成果供教师进行检查。

与此同时，教师要想对学生的听说能力进行进一步的训练，可以在微信公众平台上布置视频或者音频的相关题目，还可以设置个性化的学习资料，从而满足不同的学习人员的学习需求。学习人员回复关键词语就能获取相对应的学习资料，然后，通过回复微信公众平台回答视频或音频的主要内容，明确学生是否能够听懂、理解素材内容，提高其听力理解能力。

(三) 移动学习中的学习评价

教师借助于微信平台来对学生的学习成果进行检测的最好的方式就是形成性评价。首先，教师把学习的任务分配给学生，学生根据教师的要求完成相应的任务，比如录制视频性质的对话，或者实用文本把自己的观点发表出来。教师把学生的成果展现在微信平台上，让每个学生阅读至少十个同学的成果，然后给出针对性的评价。教师把自己的评价结果和学生们相互评价的结果融合起来，最终获得形成性评价的总的成绩。

四、微信与英语教学融合的注意事项

微信推动了英语教学的发展和进步，但是，微信教学和传统意义上的课堂教学是不一样的。假如不能对微信教学进行合理的运用的话，不只是不能取得预期的学习效果，还会影响正常学习的开展。故而，在实际进行微信教学的时候一定要注意这样几个情况。

(一) 注重微信教学内容设计的精炼性

微信学习是一种零散的学习，大都是在并不是很正式的场合所开展的学习。因为微信的语音最多可以长达60秒的时间，故而，教师讲课的时候要尽量简洁明了。然而，在这么短的时间内把一个话题或者内容完整地介绍出来是非常难的，这就需要教师话费比较多的心思。只有这样，学生才能提起学习的兴趣，也才能更好地记忆知识。

（二）注重对微信教学辅助功能进行定位

虽然说和传统意义上的英语课堂教学相比较，微信英语教学具有一定的优势，但是，其并不能完全取代传统意义上的英语课堂教学。我们要明确的一点是，微信英语教学只是对传统意义上的英语课堂教学的有效补充。假如我们把微信英语教学当作教学的主要教学形式，那么，可能并不能取得较好的教学成果。微信只是交流软件，在开展微信教学的时候，假如教师不能形成有力的监管，学生就很容易做一些和学习无关的事情，这样反而会耽误学习。故而，我们要清晰地定位微信英语教学，只有这样，才能更好地发挥其积极的作用，促使教师和学生之间有效沟通和交流，增强英语学习的趣味性。

（三）建立长期有效的微信教学机制

对于现在的学生来说，借助于微信进行英语教学是一种新出现的事物。以往的学生都是使用的传统意义上的课堂教学模式。故而，在使用微信进行英语学习的时候，教师应该加强引导和管理，促使微信学习变成一种制度，有效地弥补传统英语课堂教学的不足之处。

第五章 高校英语混合式教学方法研究

混合式教学方法的提出是高校英语教学向前发展的重要表现，本章将从高校英语混合式教学方法概述、体系建构、应用以及优化这四个方面展开分析。

第一节 混合式教学概述

一、混合式教学的定义

随着高等教育信息化的迅速发展，信息技术正以惊人的速度改变着大学生的学习方式，但随着第一轮研究与实践的热潮退去，人们逐步回归理性。在线学习的方式具有丰富的多媒体资源、便捷的协同交流、友好的互动等独特优势，但不能完全替代教师的课堂教学，如果缺乏了教师的参与，学习效果并不像预期的那么理想。如何充分体现在线学习的主动参与性，如何充分发挥教师或专家的引导作用、人格影响、学习和研究方法的渗透的优势，已经成为大家共同关注的问题。在此大背景下，混合式教学（Blending Learning），也称混合式学习的概念应运而生。

所谓混合式教学就是要把传统学习方式的优势和 e-Learning（即数字化或网络化学习）的优势结合起来，也就是说，既要发挥教师引导、启发、监控教学过程的主导作用，又要充分体现学生作为学习过程主体的主动性、积极性与创造性。混合式教学是学习理念的一种提升，这种提升会使得学生的认知方式发生改变，教师的教学模式、教学策略、角色也都发生改变。这种改变不仅只是形式的改变，而是在分析学生需要、教学内容、实际教学环境的基础上，充分利用在线教学和课堂教学的优势互补来提高学生的认知效果。混合式教学强调的是在恰当的时间应用合适的学习技术达到最好的学习目标。

二、混合式教学的理论基础

学习理论是教学设计的理论基础。在实施混合式教学设计时，需要根据不同的具体情况加以选用。学习理论自20世纪50年代以来，历经行为主义、认知主义和建构主义等不同发展阶段。

从哲学的角度来看，行为主义和认知主义所持的立场是客观主义的。客观主义认为世界是由客观事物及特征和客观事物之间的关系所组成。人们对客观事物及其之间关系的共同认识构成知识。知识可以通过教学的方式迁移到每个人的大脑之中。教学的目的就是以最有效的方式向学习者传授和迁移知识。所不同的是，认知主义学习理论更加强调学生的认知主体作用，强调教学既要重视外部刺激（条件）与外在的反应（行为），又要重视内部心理过程的作用，即学习的发生要同时依赖外部条件和内部条件。教学就是要通过安排适当的外部条件来影响和促进学习者的内部心理过程。

基于行为主义学习理论的教学优势在于目标明确，外在的刺激和灌输可以系统地讲述知识，易于形成自动化和机械化的操作，便于教师控制和组织教学等。而它的劣势在于学习的主体始终处于被动接受状态，积极性和主动性难以发挥，严重压抑了学习主体的创造性；当外在刺激条件与学生知识结构与准备状态不符时，知识传输的效率低下；等等。基于认知主义的教学优势在于能够在教学过程中考虑学生的认知心理，在内容的组织和选择上可以更好地符合学生的原有认知结构，教学效率较高。在统一的教学目标的要求下，学生可以达到基本统一的知识结构，便于管理和评测。学生的积极和主动性得到了一定的发挥等等。其弱势在于统一的教学目标未必符合每个人自己的最佳发展路径。统一的学习方式未必是每个人最佳的学习途径。另外，对于高级技能、复杂知识、解决问题的能力培养、创造力的培养等，基于认知主义学习理论的教学显得有点力不从心。

行为主义和认知主义的学习理论都强调知识的传授和迁移，也就是"教"基本内容是研究如何帮助教师把课备好、教好，而很少考虑学生"如何学"的问题。共同的优点是有利于教师主导作用的发挥，有利于按照教学目标的要求来组织教学，不足之处是在按照这种理论设计的教学系统中学生的主动性、积极性往往受到一定的限制，难以充分体现学生的认知主体作用。

建构主义学习理论基本上采用非客观的哲学立场，认为每个个体的认知过程是各不相同的，学习的结果并不是可预知的。因此教学是要促进学习，而不是控制学习。强调的重点不是设计教学方法来控制学生的学习过程，使之达到预定的相同的教学目标，而是强调设计促进知识建构的学习环境，强调以学生为中心，促进知识获得的协作和交流。不仅要求学生由外部刺激的被动接受者和知识的灌输对象转变为信息加工的主体、知识意义的主动建构者；而且要求教师要由知识的传授者、灌输者转变为学生主动建构意义的帮助者、促进者，要求教师以广义上的学习环境出现，而不是以传道者的身份出现。在建构主义学习环境下，教师和学生的地位、作用和传统教学相比已发生很大变化。这意味着教师应当在教学过程中采用全新的教学模式（彻底摒弃以教师为中心、强调知识传授、把学生当作知识灌输对象的传统教学模式）、全新的教学方法和全新的教学设计思想。

建构主义学习在真实的问题情境中，借助社会交往与周围环境的交互，解决真实问题，习得技能，学生自我控制学习进程，自我建构学习目标。它能够最大限度地发挥学生的积极性、创造力和主动性，是创造能力培养的最佳途径，适合于复杂知识的理解及高级认知技能和社会技能的形成。其劣势在于没有统一的教学目标，学习评价较为困难，组织与管理学习也十分困难。学习过程中要求学生进行探索，对学生的自主学习积极性、自我控制能力、认知技能都有比较高的要求。

综观学习理论的发展，不是一种替代的发展关系，而是一种继承、扬弃和发展的关系。行为主义强调外显行为，重视客观刺激；认知主义强调主体的原有认知结构，强调外显行为后面隐藏的认知结构的变化；而建构主义则强调知识的多面性，自我建构，在具体环境中的建构过程和建构结果。它们都有合理的、科学的一面，同样也有局限性的一面，并不是所有环境、所有情况下都只适用于一种学习理论。每一种学习理论都有其适合的学习内容和学习者群体。总体说来，随着学习任务的复杂性增加，学习者的认知能力提高，学习环境的逐渐丰富，最适合的学习理论从行为主义向认知主义到建构主义逐渐转化。教学（学习）是一个复杂的过程，任何将这个过程单一化或简单化的倾向都是错误的。不同的学习理论，在不同的学习阶段、不同的学习环境下是一种相互补充的关系，而不是相互排斥的关系。它反映了人们对知识以及学习本质的认识不断深入发展的历程，混合式学习实践就充分体现了这种融合的趋势。

三、混合式教学的特征

(一) 教师的角色和作用发生变化

在混合式教学中，不管是教师的角色还是学生的角色都发生了一定的改变，其主要体现在如下两个不同的层面。

第一个层面：在混合式教学中，教师的角色分工变得越来越清晰，即教师分为两大类，一类是授课的教师，他们具有超高的专业水准以及教学能力。还有一类是辅导教师，这类教师需要认真地观察和分析每个学生的学习情况，从而为其提供具有个性的辅导，帮助学生更好地学习和掌握相应的知识和技能等。

第二个层面：在混合式教学中，教师不再是课堂的权威管理者，他们会逐渐地成为学生学习的引导者以及指导者，从而科学合理地引导学生开展各项学习活动。

(二) 学校办学模式发生变化

在现代化的信息技术时代，很多高校的办学模式都发生了一定的变化，其在教学的过程中开始重视凸显学生的个性，从而凸显每个学生独特的个性和价值。学校办学模式的具体变化主要表现在如下几个方面。

第一，我国很多高等院校的办学模式变得越来越有个性，越来越能够体现院校的办学特色。在现代化的信息技术时代，社会的快速发展需要各种各样的专业人才，这也要求我国的高等院校一定要有办学的特点，能够为社会的进步培养更多掌握先进技术的复合型人才。

第二，学校的组织模式也变得更加多样化，也具有更强的灵活性。从整体上进行分析，很多学校在实践中都是采用弹性的学制，这样就为学生的学习提供了很多便利的条件，这也有利于学生不断挑战自我，不断进步和发展。

第三，很多学校的教育理念之中就强调学生要有终身学习的态度，即学生不仅需要在学校之中学习新的知识和技能等，当学生离开学校步入社会之中，他们还需要持续不断地学习，他们要把终身学习当作一种目标和态度，这样他们才能够不断学习新知识，充实自己的精神，不断获得前进的动力。

目前，慕课开始被越来越多的人关注和使用，而慕课也只是众多的在线课程的一种形式。由此可见，在信息化时代，越来越多的高校教师尝试着把慕课等这一类的在线课程和传统的高校课程结合起来，从而推动这种混合式教学的发展和进步。通过大量的实践我们可以发现，混合式教学的优势十分突出，它不仅可以很好地把在线教育和传统教育形式有机地融合起来，它还能够拓宽学生的知识面，开拓学生的眼界，同时使学生在学习的过程中不断地优化自身的学习方式，从而不断在实践中找到最适合自身的学习方式。通过上述分析可知，混合式教学的优势很多，因而这也对高校的英语教师提出了很高的要求，即教师在设计混合的课程时需要综合考虑多方面的影响因素，这样才能够更好地发挥混合式教学的优势，同时不断完善课程体系。

第二节　高校英语混合式教学方法体系构建

一、基于云课堂的大学英语混合式教学设计

(一) 云课堂的概念及基本特征

"云课堂"这个词汇在如今已经不陌生。云计算的广泛应用让人们对互联网技术有了一定印象。而云课堂也是在云计算的基础上,加入了自身的教育课程。教学内容与云计算技术的融合形成了云课堂,具体就是通过互联网技术形成的网上教学模式以及在传统教学当中通过互联网技术进行的课堂教学。"云课堂"具有同云计算技术一样的高效性和便捷性。与传统的教育课堂相比,云课堂具有传统课堂不具备的高互动性和时效性。云课堂集合了教育教学当中所有的教材内容,也集合了与课程相关的所有课件、音频、视频等数据,并且可以根据学生平时关注的一些新闻进行信息推送;也集合了教师评价系统和学生签到系统,高效性和实时性全部在云课堂中显现。云课堂完全以学生的体验性和学习为中心,让学生既可以通过云课堂进行实时的听讲,也可以通过云课堂参加实践活动,更可以与其他同学进行协作互相讨论,集合了全面的服务在里面。云课堂基本特征如下。

1. 永不下课的课堂,重点难点在线解决

虽然教学课程一直在以学生为中心不断进行改革,但很多教师还是以自己的教学计划和教学进程为主,在课堂当中学生还是处于被动接受的地位。而云课堂则颠覆了这一传统模式,无论形式上还是设置上都是完全以学生为本的平台。在以学生为主的基础上,云课堂也为教师提供了很大的便利。教师可以通过云平台来布置课前、课中和课后的任务,包括发布考试考核的考点。教师还不用担心因为学生记忆不及时,导致一些学生反馈没有跟得上内容的问题。云课堂既方便了学生复习,也方便了教师教学,减少了很多不必要的工作环节,省时省力。

2. 在线问答,在线测试

云课堂不仅仅在课堂中调动了学生的积极性,在课程结束后也可以及时布置任务,教师可以及时看到学生的完成情况,对学生进行在线答疑。一方面,新颖的在线问答模式提高了学生的学习热情,增加了学生主动学习的意识;另

一方面，这也提高了教师的工作效率和教学效果。

3. 单一学习到多样学习的转变

在传统课堂中每位学生都只接触到一个专业学科，不易学习更多学科的知识。而在云课堂平台，只要学生喜欢自主学习，就可以系统地学习任何学科的知识，增强了学生学习的广度和深度。只要通过云课堂平台轻轻一搜，便可以搜罗到任何自己喜欢的学科内容，可以进行同步学习和在线问答。这样的云课堂解决了以往有的学校不可以修双学位的困扰，为学生创造了更广泛的学习机会，得到了学生的一致好评。

并且在"云课堂"上还有兴趣小组，找到志同道合的学习伙伴就可以每天互相讨论，既有利于增强交际能力，也有利于对知识进行完整系统的学习，同时还有专业课程的教师与学生进行交流，就更让学生有了学习的动力。这是传统教育难以做到的。

(二) 云课堂构建策略

1. 智慧教室的建设

智慧教室是教室空间和软硬件的整体总和。在云计算等大数据的信息技术下的教室信息化建设，呈现出的最新形态就是智慧教室。智慧教室为师生提供全面的智能化服务，以及全面的教学活动设置和应用。智慧教室的目的是达到优化的教学效果。

智慧教室系统通过高清的录播系统把一堂课的教学过程同步到云课堂中，支持学生实时观看和视频观看。而且，通过多机位来将画面充分补全，可以让线上的学生看到全面、清晰的镜头，不漏掉教学过程中的每个细节。智慧教室可以根据学生的观看需求，任意缩小和放大画面，保证学生的观看方便性。

同时，智慧教室有丰富的教学资源供教师参考，为高质量PPT的制作提供了便利。学生可以快速访问，在应用中让学生感到它的便捷性和广泛性，做到了真正以服务学生为主。智慧教室将网络技术与教育真正融为一体。

2. 构建基础架构云平台

成功构建基础架构云平台的基础在于信息技术的发展。在之前传统的互联网中，是无法构建这样的云平台的。而随着信息技术的发展和设备的完善，这样的云平台教育系统被研发出来，让云平台既能够具有信息技术的便捷性，也具有了教育内容的权威性。IT数据为云平台的打造提供了充分的基础和技术信息。

3. 云教室、云实训室的建设

将所有的信息系统和教学资源都存储在"云端"是目前云计算和教育的

融合成果，在融合当中形成了云教室和云实训室。和传统的电脑教室相比，信息系统和教学资源都储存在云端就相当于将所有资料都集中在了一个中转站中。和传统的将资料储存在电脑中相比，这样的储存资源空间更大，更方便教师找到这些资料。云教室和云实训室也为师生之间提供了一个线上的英语课堂平台，在创新了教学方式的同时，也可以让教师通过线上平台，为学生进行实时的在线问答。学校不需要花费太多的人力去调度课程，只需要在云课堂平台上发布通知，让学生来观看即可。学生还可以随时与教师进行交流。云教室和云实训室为师生之间的深度互动进行全面服务，具备很高的性价比，节省了时间，也更加人性化。云教室和云实训室为师生关系和教育课堂提供了一个新的发展机会和发展方向，教育不断呈现多元化走势。

二、基于雨课堂的大学英语混合式教学模式设计

（一）雨课堂的介绍和使用方法

雨课堂的应用范围十分广发，它主要是由学堂在线与清华大学在线教育办公室共同研发的一款具有很高智能化特征的现代化教学工具。雨课堂之所以能够具有较强的应用范围是因为它在开发的过程中融入了 PPT、慕课以及微信等，因而它的信息化程度非常高，能够为学生提供高质量的教育。目前也有人用如下形式来形象地解释雨课堂的结构，即"互联网+黑板+移动终端"。

雨课堂的使用方法如下：学习者需要在装有 Windows XP 系统以及基本学习软件的电脑上访问如下网页链接，即"http：//ykt.io/download"，学习者从该链接里面下载雨课堂并且在自己的电脑上安装雨课堂。安装好之后人们就可以运用雨课堂的各种功能，它的功能非常强大，它可以方便教师向学生推送预习资料、可以允许教师进行在线点名、可以实现教师和学生之间的互动等。总之，在雨课堂中，教师可以充分地利用雨课堂来制作学习需要的文本资料、视频资料等，也可以利用雨课堂来编辑各种各样的试题等，从而为学生的测试做准备。

（二）课前教师协作整合优势资源，推送预习内容供学生自主学习

1. 精心组织教学设计和知识建构，探索优质教学资源和教学途径

在高校的教学中，大学英语教学是所有学生都需要学习的公共基础必修课，因而大学英语教学十分重要，需要引起高校英语教师的重视。通常情况下，高校英语专业的若干名教师需要共同协商并且确定最终的英语授课目标、计划，并且寻找优质的英语课程资源等，从而最终建立相应的英语学习共享资

源库。这是一个十分重要的环节，也是大学生开展自主学习的重要前提基础。之后英语教师需要根据自己所带班级学生的真实学习情况等来建立每个教师相应的个人资源库。在英语课堂教学开始之前，英语教师需要把自己已经制作完成的英语课件发送到每个学生的智能手机上面，这样便于学生的提前预习。当学生在预习的过程中遇到难以理解的问题时，这个时候他们就可以在幻灯片的下面按钮中点击"不懂"这个按钮。在正式的英语课堂授课开始之前，英语教师可以从整体上查看一下学生的预习反馈，这样教师就可以快速地了解学生在预习中遇到的障碍以及困难，在正式的授课之中教师就可以更加有针对性地向学生讲解他们觉得难以理解的知识。需要强调的是，英语教师在制作预习课件时一定要结合学生的年龄特征以及学习情况，以激发学生的学习兴趣为基础，这样才可以更好地激发学生的学习内驱力，从而使学生更加积极主动地学习英语知识和技能。

2. 注重启发式和探究式教学，培养学生跨文化意识

众所周知，英语的传统教学模式存在很多问题和弊端，因而在基于雨课堂的英语混合式教学中，教师要采取一定的措施来改变传统的课堂教学结构，从而推动大学生的自主学习。具体分析而言，英语教师需要在课前的预习中为学生提供大量的优质的英语学习相关的资料，这也是学生开展自主和探究学习的前提条件，否则学生的学习就会变得很困难。也就是说，在预习的过程中，英语教师一定要选择文化导入，这是因为文化和语言联系十分紧密，学生要想学好英语这门语言就需要学习和了解英语相关的文化等，从而更好地学习英语。总之，在英语教学中，教师一定要注重通过文化导入来培养每个大学生的跨文化意识，这也能促使学生更好地开展英语交际活动。

3. 满足学生多样化需求，重视学生专业核心素养，促进学生全面发展

在大学英语的混合式教学模式中，教师的角色发生了一定的变化，即英语教师成为学生学习的引导者，这种引导体现在很多个不同的层面，即在混合式学习中，教师既要在学生的学习层面引导学生，还要在学生的价值观塑造层面引导学生，更要在学生的时间管理层面引导学生。总之，教师需要给学生树立一个积极向上的榜样，通过自身的行为对学生产生潜移默化的积极影响。此外，在基于雨课堂的英语混合式教学中，教师还是学生学习的组织者以及促进者，英语教师可以组织学生参加各种有意义的英语活动等，如英语角，同时还可以督促学生不断发现自身的问题，不断调整自身的学习方法等，从而加强教师和学生之间的互动，不断提升学生的综合实力。

(三) 课中教学兼顾教师的主导和学生的主体作用

由于在正式上课之前英语教师已经把一部分的英语学习内容推送给学生要求学生进行预习，因而在实际的课堂教学中教师就不需要浪费大量的时间来讲解基础的知识点，这样教师就可以更加高效地利用课堂中的时间。在雨课堂的英语课中教学环节里面，教师要在教学实践中探索性地使用多样化的教学方式，教师也可以把多种不同的教学方式融合起来使用，力争达到比较好的教学效果，如启发式教学、合作式教学等等。需要强调的是，在课中教学中，既然重视发挥教师的主导作用，又要承认学生的主体地位，让学生成为学习的主人，这样学生的学习才会是有意义的学习，学生的积极性也会变得更高。此外，在基于雨课堂的英语教学中，教师可以在课堂中要求学生使用雨课堂微信端来点击"更多"，并且选择里面的开启弹幕功能，这样每个学生都可以把自己的想法和看法等表达出来，学生可以通过弹幕表达所思所想，这样的效率非常高，便于教师的及时反馈。在实际的英语教学中，学生还可以自主地点击"缩略图"功能，这样他们就可以看到PPT里面的详细内容，这也便于学生的自主学习。

(四) 课后开展多元化教学评价，教师总结、反思并改进课堂教学

在我国传统的英语教学模式中，教师通常可以看到学生在英语课堂中的表现，然而一点到了课下环节，不管是课前的自主预习环节，还是学生的课后复习环节，教师都难以准确地掌握学生的自主学习进度以及自主学习的成效。换句话说，在我国传统的英语教学模式里面，教师对学生的评价通常包含如下几个部分：第一，每个学生在课堂中的表现；第二，学生的实际考勤情况；第三，学生的期末的考试成绩。虽然我国的传统英语教学评价包含上述几部分内容，但是它主要还是看重学生的期末英语考试成绩。雨课堂平台的强大功能使得它可以在学生学习的各个时间点采集相应的学习数据，从而分析和判断学生的学习情况。这就使得在雨课堂的英语混合式教学中，教师不仅可以对学生开展终结性评价，其还可以对学生开展形成性评价，从而使课后评价实现多样化。通过分析雨课堂平台为教师提供的大量的真实数据，英语教师就可以找到英语教学中存在的问题等，并且寻找调整和改进的措施。

三、基于蓝墨云班课的大学英语混合式教学设计

（一）蓝墨云班课简介

众所周知，蓝墨云班课是一款应用十分广泛且被越来越多的教师应用到教学实践中的客户端 APP，蓝墨云班课的应用需要教师和学生借助于一定的网络环境，这样才能够满足教师和学生在课堂里面以及课外的教学需求。这款客户端 APP 的优势就是它可以较快地反馈学习的情况，从而有利于师生之间的互动和交流，同时提升教师的教学效率以及学生的学习效率。通常情况下，蓝墨云班课包含如下五个不同的模块，其中第一个模块就是详情，它里面的主要内容就是班课的邀请码以及学生所学课程的简要介绍等；第二个模块就是通知模块，这个模块的主要作用就是用于教师向学生推送相关的信息以及教学提醒等，这种推送方式的效率更加高效；第三个模块就是活动模块，这里面包含的活动种类很多，如"投票/问卷"以及"头脑风暴"等等。很明显，在活动模块中，不同的模块发挥不同的作用，教师在教学中需要有针对性地运用各种活动；第四个模块就是成员，这里面会呈现出班级中学生的名字等基本的信息，同时它还可以满足学生的签到需求；第五个模块就是资源模块，这主要是教师把自己准备的学习资料上传给学生的位置。

（二）课前准备阶段

一般在大学英语的课堂教学开始授课之前，英语教师就可以提前给学生布置一定的课前预习任务，这个时候英语教师需要把他准备好的相关的英语微课或者演示文稿等学习资料发送到蓝墨云班课的资源模块里面，然后在通知模块中告知学生具体的学习要求以及完成的时间等。当学生接收到这些学习资源以及教师的要求之后就可以着手开始课前的准备。

（三）课中活动阶段

蓝墨云班课的优势十分突出，其中最为突出的优势就是它极易操作，操作的效率很高。在实际的英语课堂教学中，英语教师就可以利用蓝墨云班课来发起不同的教学活动，从而增强师生之间以及生生之间的互动。蓝墨云班课的高效性具体体现在如下几个层面：第一，蓝墨云班课里面有签到的功能，在英语课堂中，只要教师发起了签到要求，那么学生在极短的时间内就可以全部都完成签到，这样就可以为课堂的教学节约出很多时间。尤其当教师里面的学生数量很多时，这种签到功能的效果就会更好。第二，蓝墨云班课里面有各种各样

的活动，这样在实际的英语课堂教学中教师就可以发起一起活动，如"头脑风暴"等，这个时候每个学生都可以把自己的看法和见解等发送给教师，也就是说，每个学生都有回答问题的机会，这样在极短的时间内教师就可以看到几乎所有学生的答案，这种方式是十分高效的，它不仅可以提升每个学生的学习积极性，使更多的学生可以被教师关注到，同时可以避免出现我国传统的英语课堂可能出现的情况，即教师只提问若干个学生，其他学生都没有机会被教师提问的情况。这种操作就有利于教师快速地了解课堂中大多数学生的英语学习情况，从而对学生开展有针对性的教学。如果教师只是象征性地提问几个学生，那么他们就难以真实地掌握所有学生的学习情况，他的这种判断也是片面和不科学的。第三，蓝墨云班课里面具有"作业/小组任务"这个功能，在这个功能的辅助之下，英语教师就可以看到每个学生的英语口语任务完成情况，接着英语教师就可以给出及时的反馈，这就会大大地提升了学生的听课效率。

通常在课堂教学开始之前，教师就会提前让学生进行课前的准备和预习，这个环节很重要，因而在英语的课堂教学中教师需要检查每个学生的课前预习效果和情况，这个时候英语教师就可以充分地利用蓝墨云班课里面的相应功能，即这时教师可以在软件中发起一个"测试"活动，接着测试每个学生的预习情况，当完成测试之后，软件系统就会自动对学生的测试进行评价，并且得出相应的分数。这样不仅可以使教师快速地掌握每个学生的预习情况，从而对学生进行有针对性的预习指导，同时可以使教师快速地发现学生在预习中出现的典型性问题，这样英语教师就可以在课堂中花费较多的时间来详细地讲解出错率高的知识点，这样也可以提升教学的实效。

（四）课后巩固阶段

当英语教学开展了一段时间之后，这时英语教师就可以利用蓝墨云班课里面的"投票/问卷"模块向学生开展一些简单的调查活动，这样教师就可以及时地获得很多学生的真实反馈，这对于其教学的提升是十分有意义的。此外，在这个环节之中，教师还可以向学生提供一些及时有效的辅导，这也会帮助学生解决很多棘手的问题，有利于学生的身心成长。

借助于蓝墨云班课，每个大学生都可以相对比较高效地完成相应的课后作业。通常英语教师布置的作业既包含一定数量的客观题，也包含一定数量的主观题，这个时候学生就可以充分地运用蓝墨云班课里面的"测试"功能来完成相应的客观题，同时利用蓝墨云班课里面的"作业/小组任务"的功能来完成相应的主观题，这样也便于系统的批改和教师的查阅。主观题和客观题的答案形式不同，通常主观题并没有完全正确的标准答案，只要言之有理即可，而客观题往往具有标准的答案,因而这两种不同形式的作业要在蓝墨云班课中采用不同的模块进行测试。此外,在英语的课后巩固中,学生还可以高效率地利用蓝墨云班课里面的资源模块,因为这里面有教师上传的重要的学习资料等,可以供学生反复地观看和学习,这样学生在复习时也会更加形象,能够理清楚每个知识点。

在蓝墨云班课里面还要如下模块,那就是"讨论/答疑",这个模块便于教师回答学生在课后学习中遇到的问题以及难题等。

(五)待改进部分

众所周知,基于蓝墨云班课的大学英语混合式教学可以显著地提升大学英语教学的效率和质量,然而该 APP 在运用的过程中还需要不断改进和优化一些细节问题,从而使教师和学生在运用中更加得心应手。例如,在蓝墨云班课里面,有时候英语教师会布置头脑风暴的任务,这个时候就会有部分的学生偷懒,他们不开动大脑思考教师提出的问题等,而是从网络上搜集相应的资料,复制粘贴到答案区,这就需要引起教师的关注,这也是蓝墨云班课需要改进的细节之一。

在现代化的信息技术时代,高校英语的信息化教学趋势愈加明显,这也是提升我国高校英语教育质量的重要手段,同时它还有利于提升学生的自主学习能力,使学生学会独立自主地开展英语学习活动。

第三节 混合式教学方法在高校英语教学中的应用

一、混合式教学方法在高校英语听力教学中的应用

(一)课前准备

在英语听力的混合式教学中,英语教师在上课之前就需要提前把自己精心搜集以及整理的英语听力相关的各种素材通过教学信息平台推送到每个大学生的手中,这是一个十分重要的环节。虽然在日常的学习中,大学生也有很多途径可以获取英语的听力资料,然而由于大学生缺乏一定的辨别能力以及判断能力,因而他们难以从大量的信息中甄选出优质且适合自己英语学习的资料。因而英语教师提供的听力素材就显得意义重大,英语教师在选择听力素材时一定

要结合学生的兴趣点以及课程要求，同时这些听力素材需要和大学生的日常学习以及生活联系比较紧密，这样才更加容易被学生接受和学习。此外，在英语听力的课前准备环节中，教师还需要提前告知学生哪些内容是高校英语听力素材中的内容等，同时向学生提出明确的预习任务以及目标等，这样学生就可以根据实际的情况进行预习，开展个性化的英语听力学习。

当大学生接收到英语教师推送的各种英语听力素材以后，他们首先需要整体地了解这些英语听力素材的类型以及大致内容等，然后有重点有针对性地开始学习，理解相应的知识点，并且要反复高效地听里面的内容。实际上，在英语听力的课前准备之中，学生可以通过多种方式来听素材，如手机和平板电脑等。

（二）课程教学

在英语听力的混合式教学的课堂教学中，英语教师在英语听力课堂教学中，英语教师在课堂中可以采用先进的多媒体技术来向学生呈现听力素材的知识点，从而向学生清晰地讲解听力素材的重点以及难点问题，这样也可以帮助学生很好地理解听力的素材。如果学生根本就不理解英语听力素材的内容以及蕴含的意思，那么他们在听的过程中也难以真正地理解其内涵。此外，在英语听力的课堂教学中，教师可以根据不同的阶段进行一些阶段性的听力测试，这样一方面便于师生共同了解听力的学习情况，另一方面还可以增强学生的成就感，使他们看到自己在某个阶段取得的成就，从而推动自己不断进步和前进。在英语听力的课堂教学中，英语教师还需要留出一定的时间用于解答学生的疑惑或者听力问题，从而给予学生及时的反馈，这种反馈非常有意义，否则学生也难以取得突破性的进步。

（三）课后拓展

在英语听力混合式教学的课后拓展环节之中，教师需要向学生推送相应的英语听力课后拓展内容，便于学生的课后学习和巩固。对于高校的英语教师而言，他们需要根据实际的教学内容、复习的重难点以及听力教学中遇到的问题等综合搜集并且整理出相应的课后拓展内容。在课后的时间中，英语教师还可以引导大学生按照一定的标准进行小组合作练习，从而督促学生之间相互练习英语的听力以及口语等，这也能够在一定的程度上增强学生的英语综合实力。此外，在课余的时间中，高校一定要重视在英语教师和学生之间建立多样化的沟通渠道，从而使教师和学生可以高效地互动交流，这也可以为学生的英语听力学习提供很多便利条件，如教师可以建立微信群、QQ群等，这种沟通形式更加高效和便捷。需要强调的是，英语教师还需要对学生的课后拓展进行监督，即教师可以不定期地登录教学信息平台来查看并且跟踪学生的课后拓展情况，从而监督学生的学习，这样也可以增强学生英语听力学习的积极性。

二、混合式教学方法在高校英语阅读教学中的应用

（一）课前英语阅读教学阶段

教师在教学英语阅读前，要结合学生的学习水平选择适合学生的英语阅读教材，制定具有针对性的教学内容，并结合学生的英语阅读实际情况，帮助学生制定出能提高学生自主阅读能力的目标。首先，教师可以通过互联网下载优质的电子英语阅读资源，因互联网阅读资源非常丰富，教师也可以根据每个学生的英语阅读能力为他们选择适合的英语阅读教材，进而达到提高每个学生的英语阅读水平。同时，教师也可将下载适合课前阅读的英语资源，在教学开始前教师先让学生自主进行电子阅读，而教师尽量选择具有趣味性的英语阅读教材，以此激发学生的阅读兴趣。如此，在课前进行英语阅读时学生才能带着兴趣去阅读，潜移默化的提高大学生英语阅读能力。其次，教师应积极创新阅读模式。教师可以在课前英语阅读进行领读，让大学生在跟读时了解英语的阅读技巧和语法，课前增加英语阅读时间，有利于提高学生的英语阅读能力。

（二）课中英语阅读教学阶段

混合式教学融入英语阅读教学中，可以有效提高学生的英语阅读水平和英语语言组织能力。教师在应用混合式教学时可以采用线上课堂提问环节，而线上课堂提问有效促进了师生之间的互动。教师把英语阅读环节设置相应的英语阅读问题，让学生在英语阅读内容中探求答案，在以英文形式回答线上教师提出的阅读问题。这种混合式教学模式，不仅能培养学生的思维能力，在回答问题时还能培养学生的英语语言组织能力，对学生掌握英语词汇量具有一定的促进效果。在英语教学课堂中，教师可以有效利用多媒体教学平台，教师通过指定空间上传适合课堂中的英语阅读材料，让学生自由选择适合自己或感兴趣的英语阅读材料，进而达到阅读效果。学生在阅读时如果遇到难以理解的语句语法，教师可以在线上对学生进行指导，也可在线下教学学生英语语句语法。这种阅读模式可以有效提高学生对阅读内容的理解，从而提升学生的英语阅读水平。

（三）课后英语阅读教学阶段

在课后进行英语阅读教学，能有效加深学生对英语阅读内容的理解。首先，教师可以通过混合教学模式补充相应的课后英语阅读内容，也可选择内容较广的阅读教材，而阅读教材的选择要根据学生的阅读能力进行选择。选择适合学生党阅读教材，对拓宽学生的学习视野有一定的促进作用，进一步加深学生对英语阅读内容的理解和掌握程度。课后英语阅读教学阶段，可以充分培养学生的阅读能力，能有效培养学生英语语言组织能力和英语水平，课后阅读环节的增加对养成学生良好的阅读习惯起到一定的效果。

三、混合式教学方法在高校英语写作教学中的应用

SPOC 对应的英文是"Small Private Online Course"，它的意思就是"小规模限制性在线课程"。很明显，这是一种在慕课（MOOC，即 massive open online courses，它的意思是大型开放式网络课程）的基础之上进行改良和升级的教学模式。因而这种教学模式也具有十分显著的优势，那就是它能够通过限制学习者的学习条件以及数量等来提升教的质量，从而达到比较理想的监督效果。总而言之，基于 SPOC 这种线上和线下混合的英语教学模式的优点十分多，因而高校的英语教师就尝试着把这种混合式教学模式应用于英语的写作教学中，并且取得了一定的效果。

这里讨论的是混合式教学方法在高校英语写作教学中的应用，因而这里选用的就是基于 SPOC 的混合式教学方式。在具体的英语写作教学实践中，我们选择了相应的网络学习平台，即句酷网和学习通。我们选用的教材就是《大学英语新视野读写教程》，并最终确立了如下这种新颖的混合式英语写作教学模式，即"线上资源推送+线下课程反馈+在线评价体系"的模式。其具体操作实践如下：（1）在上课之前进行线上资源推送。这就要求英语教师一定要合理地制定英语的写作要求以及目标等，其推送的内容十分广泛，如优秀的英语写作范文、英语写作中经常会使用的高频词组以及优美词语句子等，同时英语教师需要向学生推送一些练习用的习题等。对于学生而言，其需要根据教师的推送开展线上学习，并且整理不懂的问题，以便于向教师和其他同学请教；（2）在课堂教学中英语教师需要解答学生在课前学习中遇到的问题以及难题等，并且有针对性地根据知识点扩充学习，拓宽学生的知识面。此外，英语教师还可以在课堂教学中展示部分学生优秀的英语写作文章，请这些学生分享创作的灵感以及技巧等，从而给其他学生提供思路；（3）在课后教学中，大学生可以通过网络平台来检查自己的学习情况，这种及时的反馈有利于学生的进一步学习活动开展。

四、混合式教学方法在高校英语口语教学中的应用

(一) 打造多维性英语口语课程体系

在高校的英语口语教学实践中，教师需要从如下三个不同的层面着手来打造多维性的英语口语课程体系：第一个层面就是英语课程的内容构建，丰富英语口语的课程设置，从而使学生可以从更加宏观、全面的视角学习和掌握英语口语的教学内容；第二个层面就是英语教学形式的实施，英语教师可以在口语教学中尝试着使用多样化的教学形式，从而激发学生的口语表达欲望，加强学生的英语口语练习；第三个层面就是实际的教学辅助，教师可以在口语教学中引入辅助的设备以及技巧等，从而提升教学的质量。

(二) 增强高校英语口语评价多元性

我国传统的英语口语教学评价方式存在很多弊端，因而在英语的混合式教学中，教师需要根据现实情况构建一种多元化的英语口语教学评价方式，从而对每个学生的英语口语进行全方位、全面且客观的评价。这样也能够帮助学生很好地了解自身的英语口语学习情况，从而在混合式学习的过程中不断地改进自身的问题，最终提升自身的英语口语表达水平。从英语口语评价内容的层面进行分析，教师在评价时一定要全方位地进行评价，既要评价学生的英语口语学习过程，也要评价结果，这样的评价才较为客观，也更加容易被学生接受和采纳。例如，教师在对学生的英语口语的线上学习情况进行评价时就可以充分地参考如下几个维度，即学习的时间、学习的态度和积极性以及测试的结果等，而教师在对学生的英语口语线下学习情况进行评价时就可以充分地参考如下几个不同的维度，即学生真实的英语口语表达情况、学生的自主学习情况以及学生的主动性等。

(三) 用多种英语口语教学方式

在高校的英语教学中，口语教学是重要的组成部分，这是因为大学生学习英语的根本目的就是为了交际，就是为了使用英语这门口语来沟通和交流，因而高校的教师应该重视英语口语的教学，应该将混合式教学融入英语口语教学中。具体分析而言，英语教师可以把多种不同形式的英语口语教学方式融入口语教学里面，这样不仅可以达到混合式教学的目的，同时可以激发学生的学习兴趣，使学生意识到英语口语运用的意义。具体方法如下。

第一，在高校英语口语教学中，教师可以把开展情景剧的形式引入口语教学中。这不仅可以充分地调动学生的积极性，为他们的英语口语交流创造了条件，同时还可以开发大学生的创造性思维，提升大学生的创新能力。总之，英语教师需要积极引导，同时给学生机会让他们自主编写和创作情景剧，这会是一个十分有趣的过程，也会给师生留下与众不同的体验。

第二，在高校英语口语教学中，教师可以把构建对话情境的形式引入口语教学中，从而为学生创设比较好的英语口语表达环境。在具体的构建实践中，英语教师需要借助于多媒体技术，为学生呈现直观生动的情境，这样学生才更加容易被情境所吸引，大胆地在情境中表达观点和看法，这也是一种十分高效的英语口语训练方式。

第三，在高校英语口语教学中，教师可以把开展配音教学的形式引入口语教学中，英语教师可以让学生分组准备英语的配音比赛，这样更能够激发学生的求胜心理，他们也会付出更多的精力和时间投入配音比赛中，这个过程也会在潜移默化之中提升参与者的英语口语表达水平。

第四节 高校英语混合式教学方法的优化

一、优化教学内容

如何设计有趣、吸引学生注意力的课程？偏离常规的教学内容往往会在学生的心里占据突出位置，给他们留下较为深刻的印象。不少教师通过调查发现，超过80%的学生都不满意他们已有的教材内容，很多老师也表示有类似的体会。如果让学生学习了教材文本以外的知识，学生的兴趣度和掌握度都会大大提高。有趣且吸引学生的课程首先应基于学生所处的环境与生活，或者说，学生所学课程的知识应具有一定的实用性。大学英语教学中呈现的知识也必须具有其校园价值和生活价值。因此，教师有必要为学生创设一些灵活的变式内容，真正做到学生"愿意学、有所学"。

学生对当前的混合式学习内容表现出诸多的不满。从一定意义上讲，对当前教学内容的优化可通过在线学习平台，在培养学生人文素养的同时，大幅度加入学术和专业英语内容，探索以培养"专业型英语人才"为目标的教学创新改革方案。与专业有关的大学英语课程既不是单纯的语言课，也不是单纯的专业课，而是一门将语言应用与专业知识紧密结合的课程。专业英语不仅涉及科技英语的一般特征，又涉及一定的专业内容及信息交流，两者相辅相成。专业英语有别于基础英语的最大不同之处是长句多，专业术语多。因此，教师应围绕专业交流的实际需要，要求学生掌握一定的专业英语词汇、语言特点，培养他们综合运用英语知识和专业知识解决具体问题的能力。

新引入的 ESP 教学内容需要为每个专业量身定做：首先，教师根据自己所任教的班级专业，从国内外权威英文报刊选取合适的专业阅读文本，作为课堂教学的延伸和拓展。例如，美国的《科学杂志》《经济学家》等报刊涵盖了最前沿的科技文章，综述和分析基于报刊阅读的学科动态有助于学生了解本学科领域内的专业前沿，拓宽学生的专业视野，同时提高英语学习的兴趣。新闻报刊的价值主要包括三个维度：第一维度是从报道事件本身来考察新闻的"新"之处，如新闻中所涉及的人物以及他们对人们生活带来的影响；第二维度是参照新闻工作者对事件所持有的观点，新闻价值被视为某种认知，这种认知可以是新闻工作者的某种态度，抑或是他们所参照的某种准则或规范；第三维度是剖析新闻形成过程中所涉及的各种材料，包括输入材料（新闻稿、其他相关网站、文本、图片、视频等）和输出材料（实际的新闻报道等）。将这三个维度运用到 ESP 文本的价值衡量中，可做以下尝试：参照第一维度，专业性的学术报道可让学生了解本专业的学术领军人物；参照第二维度，可设计诸如评析或质疑报道中某项内容或某个观点之类的任务，要求学生从各个层面对已有的内容或作者的观点进行佐证；参照第三维度，可让学生进一步搜索报道的相关材料，拓宽信息源，进一步挖掘主题内容。当然，除了时效性很强的报刊材料，学生课后还可以从海量的在线资源中，随时进行 ESP 的英语学习。

其次，结合上文的需求分析，教师在设计具体的 ESP 读写译内容时，可先训练学生的基础词汇解读能力，再逐渐过渡到话语分析、语法形式、体裁分析等较高要求的操练。其中，词汇层面的目标是让学生通过大量的文献阅读收集广泛出现于各个学科的学术性书面文字中、构成较高比例行文文字、在篇章的结构或修辞等方面起重要作用的学术词汇。对教学素材的深度分析，教师可考虑向学生展示专业阅读中的几种主要语言功能：下定义、解释、举例说明、对照等。翻译层面的目标是让学生翻译国外新鲜出炉的与学生专业有关的科普文章或学术报道（以短篇为主），同时要会翻译学术文章的摘要。写作层面的目标是让学生撰写本专业领域内的学术文章，并能质疑已读文章中的作者观点。

当前的大学英语教师仍不可能也无法做到完全脱离教材进行教学。基于教材的通用英语教学，作为当前混合式教学模式下线上教学的主要内容，有必要进行某种程度的改进。很多学生认为，当前的教学视频中缺乏创新和趣味性，基本以词汇和语法讲解为主。因此，教师在制作视频时，不妨以单元文章的语篇分析为切入点，分析教材文本中的语言偏离现象，增强学生对语言的敏感度和兴趣度。在制作视频时，可引入时事热点解析、报刊阅读、名人名言的赏析等。关于在线作业，教师可忽略阅读等应试性强的板块，增加字谜题、闯关题等多样化的作业形式。教师也可以考虑从学生出发，让学生制作基于教材的学习视频，再上传至网络教学平台，通过与同学、教师的互动，创建各种形式的教学内容。

二、优化教学平台

混合式教学资源与平台建设可有效促进线上与线下学习的融合。然而，目前很多院校没有专门的混合式学习平台，很多只是在数字化资源的基础上改造而成，这使得线上课程与线下课程资源的整合缺乏全方位的技术支撑，导致教学效果不佳。当然，很多学校会使用适用性较强的专门网络课程平台，这种专门的混合学习课程平台能最大限度地实现现有资源的有效使用。随着科技的更新与发展，学习平台的搭建与应用也逐渐呈现多样化。混合式学习系统进行设计。近年来，基于微信公共平台的混合式学习研究也逐渐受到关注。这些新型的学习平台为学生创设了新型的混合式学习环境，使得学生的混合式学习更加灵活、多样化、生活化。

学生对当前的学习管理系统仍有很多的质疑。因此，为保证混合式教学的质量，有必要为学生提供一个多元的混合式学习平台，克服已有学习平台的不足。多元化的混合式学习平台应根据学生的学习进度和特点，实现灵活的同步和异步学习。教师和学生也可自主开发异步学习的方式，如自建在线平台、微信、微博等互动性较强的在线辅助教学手段。通过自建网平台，可实现"按需选择"的自主学习方式，克服了已有学习管理系统的一些不足和不便之处。针对大学英语教学中专业英语与文化传授的缺乏而设计出的自主学习系列课件，将专业英语素养与文化素养培养相结合的方式，做到让不同专业的学生可以各取所需，点击自己喜欢的专业文章进行自主学习，克服了已有教学网络平台未从学生实际需要出发的弊端。

目前，学生在使用已有网络教学平台进行学习时，仍有不少问题，也就是说，学生对平台并未留下深刻印象。创建符合学生需求和特点的平台可加强学生对平台的信任度和使用度。总之，对教学平台的优化需要混合式教学的教师结合所教课程的具体特点以及学生的学习风格、学习需求等，努力开发简单、易操作并能真正提高学生学习的多元化在线学习方式。同时，对于基于前一章节中的平台使用问题，校方、技术方和教师等应共同努力解决。

三、优化教学主体

当前教学主体的角色、定位等各个环节存在不少问题。在整个外语学习系统中，学生和教师是关键群体，代表校方的教学管理人员和技术支持人员应积极给予支持和服务，使学生和教师发挥最大的潜能，产出最大的效益。可以说，有效的混合式教学环境应包括教师、学生、学校和技术员在内的各个教学主体。只有最大限度地发挥四大教学主体的作用，建立"四位"（四大教学主体）"一体"（混合式教学体系）的教学管理，才能提高学生的学习效率，各个教学主体之间才能互相合作、动态共存。

首先，学生的能力应该与计算机功能相匹配，计算机网络和信息技术应成为学生学习过程中不可或缺的有机组成部分。这就需要给学习者提供更多的合作学习机会，让学习者之间通过交流协商共同完成小组学习任务。因为学习者之间的交流、互动和意见综合，既可以丰富他们的语言学习环境，而且可以相互激励，在学习者之间形成良性竞争。大多数的学生利用移动工具进行聊天、基本信息的查询等，很少有学生用其进行实质性的学习。如何加强学生的信息化素养是优化学生这一教学主体的重大突破口。通过调查，学生对于自己的学习目标也趋于一致。例如，大部分学生都认为思辨能力、解决问题的能力、决策力、社会交际能力、独立学习能力、建立正确的价值观等是最重要的学习目标，知识和信息的获取为次要目标。因此，问题式检查、技能操练、团队调查、导向性练习和独立练习、合作式学习等间接教学活动对学生的学习有重要影响。此外，如果能有效设计混合式课程，学生的很多技能都可迁移到终身学习中。在混合式教学中，时间的管理、辩证的思维、正确的表达、有效的交际等一系列实用技能都体现了"真实世界"中的技能在学生的职业发展中发挥着重要作用。

其次，在混合式教学环境下，教师应注重发挥学生的主动性、积极性，培养学生的自主学习能力。教师需经常布置任务，组织学生自学，并且检查效果。没有这一管理环节，线上学习效果会因为学生惰性而大打折扣，要特别注重对学生的考察、监督、激励。根据《指南》精神，教师要能够"主动适应大学英语课程体系的新要求，主动适应信息化环境下大学英语教学发展新需要，不断提高自己的专业水平和教学能力"。教师自己应是终身学习者，在加强学生能力和素质的同时，不断提升自己的业务能力。这就需要校方进一步加强师资培训等这一方面的投入工作，注重教师的职业发展和教师的教、察、思工作。很多学校都成立教师小组，每组中的教师通过观察该组其他几位老师的教学后，在讨论、交流的基础上，确定最佳的教学方式。在明确教学目标上，大部分老师认为他们能意识到培养学生批评思维能力、交际能力、解决问题能力和决策能力的重要性，但他们在教学中一般只注重事实和信息的传递，忽略了学生创造性能力的激发，更别说心理活动技能和认知技能的培养。大部分的教学要素都是在备课阶段实现，实施教学时很少灵活地进行教学变通。

再次，对于代表校方的教学管理人员，应懂得如何使该体系的各个层次上下一致，诸多因素互相协调，多种形态协调配合。针对教师的教学，教学管理人员应健全教师管理和培训体制，加强大学英语教师队伍的培养和建设。师资的培养和提高可以通过对教师的培训或加强业务学习和经验交流得以实现。例如，混合式教改实施以来，笔者所在的学校通过不同渠道，采用学术沙龙、教学促进会、信息化课堂观摩等多种途径提升教师的业务素质和专业教学能力。这些培训与交流活动将有力地促使大学英语教师更新已有的教学理念，学习新的教学模式，运用新的教学方法，掌握信息化教学手段，提高教学能力和水平。管理人员还应加强混合式学习网络平台的建设，保证学生、教师与技术员之间的有效沟通。教学管理虽然繁杂，牵涉面广，但作为管理人员必须持有一个整体观念，既要充分发挥不同层次管理机构和职能部门的作用，又要充分调动教师、学生、管理者三方面的主动性。当前的管理人员可进一步利用混合式学习带来的有利之处，如推广混合式教学课程可减少高校的运营成本等。当前很多教师的培训仍采用传统的方式进行，而教师的职业发展投入可通过交叉培训的方式减少培训成本。

最后，技术员的首要任务是应确保混合式学习系统的稳定。如果系统不稳定，出现学生无法登录、测试系统打不开、学习记录有误差、语音识别不灵敏等问题，都会影响学生自主学习的积极性，并给在线教学管理带来困难。其次，教学设备信息应数字化。通过建立网络的方式，为教师提供一种非实时解决设备维修通道。例如，对于安装软件这样的非实时故障，可采用网络沟通方式（如微信、QQ等），实现维护流程的简便化和教师选择的多样化。同时，对于学生这一方，技术支持方应设立专门的人员适时、实时地为学生解决各种学习问题，特别是混合式教学开展的第一个学期。同时，技术员还可建立教学服务网，把所有故障处理的情况全部输入数据库，方便教师随时查看故障情况。技术员还可对所有的故障情况进行统计分析，了解故障多发的原因，为教学管理工作提供技术支持。

四、优化教学手段

当前学生对新兴的混合式学习模式普遍感兴趣，但是学习效果一直欠佳，特别是基础薄弱的学生。当前的线上教学形式以教师制作教学视频，学生学习视频为主。无论是教学内容还是学习形式，都不能满足学生的学习需求。因此，结合学生专业特点，利用学生的自身特点和特长，大胆鼓励学生结合自己的学习兴趣和专业兴趣，制作适合他们学习的英语视频是突破当前教学瓶颈的重要路径。通过这样的方式，特别是与专业结合的微视频，学生可以深刻了解到本学科的相关信息，如专业的应用、未来发展前景等。同时，将学生制作的视频上传至网络学科平台，供其他同学观看、评论，不仅可拓宽学科知识，而且大大增强了学生之间的交流，提升了学生的成生，这种"做中学"的学习模式可有效改善当前混合式英语教学的被动局面。

第六章 信息时代高校英语教学其他教学方法研究

经济全球化发展趋势彰显了英语语言功能的重要性,部分高校将培养英语专业人才作为重点教学任务。英语在我国教育中既是一门基础性的应试学科,又是高等教育中的独立专业学科,为社会发展输送大批具有英语技能的专业人才。在教育体制改革驱动下,高校英语教学形式发展迅速,以网络为基础的多元化教学手段在高校英语教学中大力运用,摒弃了传统课堂教学模式孤立、沉闷、闭塞等弊端。本章就对信息时代高校英语教学其他教学方法进行了总结与分析。

第一节 慕课融入高校英语教学

一、认识慕课

(一) 慕课的含义

慕课又称 MOOCs,简称 MOOC (Massive, Open, Online, Course),其意义是大规模在线开放课程。在互联网技术的支持下,我们可以将传统的学习与开放的网络资源进行有效结合,这样就可以开发出一种新型的课程模式,简而言之,慕课就是散布于网上的一种开放性的课程。

(二) 慕课的特征分析

1. 大规模

慕课的规模是非常大的,这不仅体现在课程资源的丰富性上,还体现在其工具资源的多样化上。慕课的受众是非常广泛的,比传统的班级授课拥有更多的学习者，甚至可以突破上万人次。

尽管每个慕课视频的时长仅仅只有十分钟左右，但是其背后的支持系统确是非常强大的，并且慕课的成功制作离不开大量人力以及物力的支持。在传统的教学模式下，教师所面临的仅仅是几十名学生，但是在网络的支持下，慕课视频却可以同时让数以万计的学习者同时观看。

不管是慕课课程的设计、制作还是后续的管理等都不是单个人的力量所能完成的，一个视频从开始准备到结束，需要很多人的通力合作。

2. 开放性

慕课的开放性体现在很多的方面，比如教育理念的开放性、学习方式的开放性、学习环境的开放性等。

随着终身学习理念的形成，学习成了不分职业、无关年龄的一件事儿，只要人们想学习，就能够在网络上搜索到相关的知识。慕课的学习是不需要学籍的，所以学习者就可以自由选择喜欢的课程，对于慕课上的大部分课程而言都是免费的，只要学习者怀揣一颗愿意学习的心，随时随地都可以开展学习。

由于慕课不具有垄断性，所以就利于教育公平的推进与实现。自慕课一出现，便十分推崇教育公平的重要性，在慕课平台上，学员们的注册是免费的，并且可以根据自己的需求选择适合自己的课程，之后就可以在线和其他的学员进行讨论。不同的高校之间的合作越来越频繁，在慕课教育的支持下，不同学校之间的学分互换也成了可能。

要想实现教育的公平，就应该让所有的学习者都拥有平等学习的机会。在慕课的学习过程中，如果学习者处于网络环境中，就可以进入慕课平台进行学习，可以看出，开放性也是慕课的一个基本特征。

3. 在线性

随着社会的发展，教育的模式与以往相比也有了很大的不同，慕课就是一种新的教育模式。在最开始的时候，线上教育为学习者提供的仅仅是一些单纯的课程材料，或者是一些精品课程的视频。后来，慕课平台设计者更为重视学习者的个人体验，所以又开设了在平台上的互动交流环节，在慕课平台上，不仅学习者之间可以互相交流，他们还可以与专业的教师进行沟通，这样显然可以提高学习者的学习效率。

慕课平台与传统的课堂之间是存在一定的联系的，慕课是从传统的课堂中分离出来的，拥有与传统课堂同样的学习者以及教学内容。与此同时，慕课也能做到对传统课堂的良好补充。通过分析可汗学院中的部分课程可以看出，其中的一些课程是完全符合学校的教学大纲的，显然，这部分内容就可以作为学习者的辅助学习资料。

与传统课堂相比,慕课也是有着自己的优势的,传统课堂的授课需要借助固定的教师,而慕课的支持环境则是互联网,所以,在网络的支持下,慕课的学习者就会更多。所以,不管是对课程的设计还是课堂的管理,慕课与传统的课堂教学都是存在差异的。

4. 自主性

在不同的人看来,慕课的自主性所拥有的意义是不同的。有些人认为慕课的自主性意味着慕课的学习预期是不明确的,不同的学习者可以根据自己的实际情况制定自己的学习目标;有些人认为慕课的学习地点、学习时间都是可以自主选择的;有些人认为慕课的考核是具有自主性的,如果学生愿意,他们就可以借助考试评判自己的学习成果。

但是,站在教师的角度,他们显然希望学习者可以积极主动的按照自己既定的计划展开学习,并且获得较好的学习效果。

5. 集约性

慕课属于网络学习平台的一种,所以就可以更好地实现资源的共享。我国也有很多的大学非常重视对在线教学平台的开发,某些学校的教师对于慕课这一新鲜事物的接纳度也很高,并且会录制一些视频上传到学习平台上,这样不仅可以让不同的教师之间可以相互学习,同时也可以在学习的过程中发现自身存在的不足,进一步更新自己的教学理念;与此同时,学生也有了更多的学习途径,可以进一步丰富自己的学习内容,让自己各方面的能力都能够得到进一步提升。

6. 互动性

慕课在线课堂的互动也是非常频繁的,这是与传统课堂的一大差异,因而受到了广大消费者的喜欢。在慕课平台上,学生有很多可以选择的交互工具,比如留言板与微博等,学习者不仅可以与教师进行相关问题的探讨,同时不同的学生之间也可以进行观点的交流。除此之外,慕课将学习内容进行了分解,每次 10 分钟的课程也可以让学习者集中注意力取得好的学习效果。

7. 资源共享性

所谓资源共享性就是慕课所提供的学习资源是免费的,并且是不设条件的向所有参与者开放。免费共享是慕课区别于以往开放教育的本质特征之一。慕课的资源共享性应该是同大规模性、开放性、在线性相并列的一项重要特征,这种特征主要体现在以下三个方面。

首先,免费注册参与课程学习。秉承共享的理念,教育者和慕课平台的建设者以及网络企业家们一开始就达成了免费参与的共识,免费参与慕课学习,是慕课大规模开展的保证,也是慕课迅速在全球兴起的内在动力。

其次，合作、共建、共享的慕课建设模式。为了使更多的慕课资源做到共享，各学校必须加盟或联合建构慕课平台，发布自己的课程，参与到慕课建设中去，在共享的同时也奉献出自己的课程与别人共享。慕课共建、共享的这一特征，正使得越来越多的大学加到慕课运动中，打破校际壁垒，参与到全球共享课程资源的开发和建设中去。

最后，慕课资源知识产权的共享机制。慕课的开发制作以及在网上发布，都牵涉到知识产权问题，慕课资源真正做到事实上共享还需要解决与法律接轨问题。所以，大范围慕课应用成败的关键，在于能否在知识产权安排上坚持一种行之有效的开放共享精神与实践。

二、慕课在高校英语教学中应用的价值

（一）为学生提供大量的资源

在当前，有很多高校都加入了慕课平台，在慕课平台上，会有不同高校的授课视频，这些视频是可以供所有学习者使用的。不同的高校都有自己的优势科目，所以那些著名的高校就应该发挥出自己的带动作用，多推出一些优势科目的优质视频，从而起到带动其他学校发展的良好作用。

（二）能激发学生对英语学习的兴趣

在传统的课堂模式下，所有的学生都是遵循同样的学习步调，所以有的学生就会觉得教师教得慢，有些学生则会觉得进度太快了，这就会降低学生的学习兴趣，但是在慕课背景下，传统课堂的局限性被打破了，学生可以根据自己的进度与兴趣展开学习，这显然会提高他们的学习兴趣与学习能力。

（三）能激发学生的学习积极性

慕课在课堂教学中已经体现出了自身的优势，同时在课余的时间，慕课的价值也得到了一定的凸显。利用慕课进行学习已经让学习者打破了传统学习方式的制约，使得学生可以充分利用好自己的课余时间，减少外界对自己的干扰，从而学习到更多的知识。

（四）能改善师生间尴尬的氛围和关系

在教学的过程中，教师应该摆正自己的位置，让自己成为学生学习的引导者，培养学生自主学习的能力。如果学生处于高压的氛围下，那么他们是无法安心进行学习的，所以教师就应该给学生创造出一种和谐的学习氛围，让他们在没有压力的环境中开展学习。

(五) 能提升大学英语教师的教学能力

在当前，各种新的教育技术层出不穷，所以教师也应该与时俱进，充分意识到教学的重要性，并且还应该鼓励大学生自主探索问题，养成探究与创新的意识。教师也需要同步提高自己的教学能力，树立终身学习的意识，并不断提高自己教学的各种能力，包括观察能力、监控能力以及创造力等。

三、慕课教育资源在高校英语教学中的应用

(一) 课前：制作专业视频

与传统的教学模式不同，开放式课堂教学的学分管理制度更为多样，不仅包含学分互认，还能做到线上线下教学的融合，这些都是在慕课冲击下，传统课堂做出的变革，显然，这也给我们提供了教育教学的新方法。

对于英语教学来说，也可以实施开放式的教学模式，将线上与线下教学结合起来，让传统的课堂获得新的意义，从而实现新式教学与传统教学的互补，提高教学效率。

在课前，教师可以根据教学内容的需要制作一些专业的视频，在上课的时候就可以将这些视频播放给学生看，从而可以让学生进一步了解到当前课堂上的内容，从而开展下一步的学习，让英语教学的水平得到进一步提升。

(二) 课上：与慕课教育联系

在慕课平台上，学生可以自主选择课程进行自学，他们的学习过程可以简单概括为四部分：观看视频、完成练习、在线交流、信息反馈。

"慕课平台"的意义可以得到延展，不仅仅涵盖传统意义上的三大慕课平台，还可以包括各高校自主搭建的慕课平台，比如"好大学在线"等，后来研发的各类网络资源学习平台也扩充了慕课平台的范围。

学生是带着"准备"去上课的，教师也是带着"准备"去授课的，这种目的明确的教学显然能达到很好的教学效果。学生的"准备"涵盖两方面的内容：(1) 学生对课堂要点已经进行了深入学习，是带着对知识的理解来上课的；(2) 在学习的过程中，学生有了一些收获，同时也会有一些疑惑，这些成果与疑惑都是"准备"的内容。

对于课堂教学来说，教师的"准备"就显得更加重要，在课前，教师需要收集学生在慕课平台上遇到的知识点，并且提前做好知识点的整合等工作。

在授课的时候,教师需要将这些疑难点进行合理安排,并设计丰富多彩的课堂活动让学生能够讨论这些话题,这样就可为学生构建出高效的讨论氛围,教师就能真正发挥出课堂引导者的作用,当学生需要帮助的时候,就可以给他们提供合适的帮助。

(三)课下:通过慕课教育复习

英语教师在授课完毕之后还应该给学生一定的指导,让学生能够积极开展靠后的复习工作。教师最好给学生制定出一系列的英语知识体系,这样就可以让他们的学习更为轻松,除此之外,教师还应该在课后布置一些视频作用让学生提交,这样就利于学生更扎实地掌握所学知识。

四、"慕课"在高校英语口语教学中的应用策略

(一)借助"慕课"实现口语的仿真性对话

英语是一种全球性的语言,是学生所必须掌握的一种语言,在高校英语教学的过程中,口语教学的作用是非常重大的,可以进一步提高学生的英语实践能力。在慕课教学的过程中,英语教师需要结合教学的内容提出相关的问题让学生解答,与此同时,还应该给学生留出充足的思考时间,这样就可以切实提高英语口语的教学效果。

(二)对大学英语口语教学模式改革予以重视

在传统的大学英语教学过程中,英语教师所采用的还是传统的方法,在学习的过程中,学生依然是被动的,并没有凸显出其积极性,这就使得口语学习的效果并不是很理想。在现代教育中,教师日益注重学生主体性的发挥,开展慕课教学有利于教学过程的顺利实施。

对于英语教师而言,学生需要积极学习其中慕课的内容,也应该利用慕课去了解相关的学习内容,只有这样才能有效激发出学生学习的热情,进一步提高学生学习的积极性,构建出新的教学模式。在口语教学的过程中,教师可以根据具体的情况进行教学模块的设置,以此提供教学的有效性。

(三)对大学英语口语教学环境创新予以重视

在大学英语教学的各种因素中,教学设计显然是非常重要的。在传统的教学过程中,教师需要导入部分教学内容,学生仅仅只是被动去接受。在慕课的发展过程中,教师日益意识到了学生在导入环节的重要性,所以更能根据不同

学生的差异进行教学情境的设计，这样就可以构建出更为具有个性化的教学内容，从而让英语课堂的氛围变得更为活跃。

第二节 智慧课堂融入高校英语教学

一、认识智慧课堂

（一）智慧课堂的含义

智慧课堂的提出和发展实际上是学校教育信息化聚焦于教学、课堂、师生活动的必然趋势。关于"智慧课堂"的含义，从不同的视角来看有不同的理解。"智慧"通常包含心理学意义上的"聪敏、有见解、有谋略"和技术上的"智能化"两个不同层面上的含义。

因此，对智慧课堂的概念有两种视角的理解：一种是从教育视角提出的，新的课程理念认为，课堂教学不是简单的知识传授或学习的过程，而是师生情感与智慧综合生成的过程，智慧课堂的根本任务是"开发学生的智慧"，这里"智慧课堂"的概念是相对于"知识课堂"而言的；另一种是从信息化视角提出的，指利用先进的信息技术手段实现课堂教学的信息化、智能化，构建富有智慧的教学环境，这里"智慧课堂"的概念是相对于"传统课堂"而言的。事实上，上述两种视角的认识是紧密关联的，利用信息技术创设富有智慧的课堂教学环境，其根本目的也是促进"知识课堂"向"智慧课堂"转变，实现学生的智慧发展。本文所使用的概念是侧重于后一种视角而提出的，从信息化视角建立"智慧课堂"的概念，是开展信息化教学研究的前提，也是构建"智慧课堂"理论与实践体系的逻辑起点。

现在人们广泛应用的"智慧课堂"实质上就是智能化课堂，是从信息化的视角来界定的，即使用先进的信息技术实现教育手段的智能化，使课堂教学环境更加富有智慧，进而实现教育教学的智慧化。因此笔者将"智慧课堂"理解为：在信息技术的支持下，通过变革教学方式方法，将技术融入课堂教学中，构建个性化、智能化、数字化的课堂学习环境，打破传统的单向教学，实现师生双向互动，切实提高教学质量和教学效率。

实质上，"智慧课堂"概念的提出与发展既是信息技术在教学领域应用的产物，也是课堂教学自身不断变革发展的结果。我们结合自身的研究和实践探索，提出用几何画板构建数学"智慧课堂"，是相对于传统的多媒体课堂而言的，其核心是要实现技术与数学的双向融合，将技术变成教师和学生构想和验证的工具，在"互联网+"环境下，多方位构建"课前微课导学、课堂互动探究、课后个性辅导"的教学模式，逐步实现教学和学习数字化、信息化、智能化。

（二）智慧课堂的特征分析

1. 多元智慧化

目前，高校的英语教师已经尝试着把先进的信息技术应用到英语教学中，并取得了一定的成绩，如智慧课堂的应用就能够显著地提升学生的英语学习兴趣和质量。智慧课堂的教学模式优点十分突出，这种教学方法形式多样，能够为学生提供更加多样化的教学环境以及学习环境，从而为学生的学习创设多种可能。总之，我国高校的传统英语教学模式有很多弊端，它严重地束缚了学生的想象力，使学生只能够被动地接受教师传递的知识。而智慧课堂则可以有效地改变学生的这种传统的学习方式，使学生可以充分地运用自己的零碎时间学习英语，这种教学方式可以突破时间以及空间的限制，这能够为学生的英语学习提供很多有利条件。此外，我国大多数高校的大学生都配有笔记本电脑，只要校园有网络覆盖，他们就可以利用电脑搜索大量的英语资料。众所周知，网络中的英语学习资料内容多样、形式多样，因而能够满足不同英语学习水平学生的需求，这样有利于实现学生的个性化发展，有利于提高学生的英语学习主动性和积极性。

2. 个性化

高校的英语教师把智慧课堂引入英语教学中具有十分明确的目的，主要体现在如下两个方面：第一，英语教师要使学生能够扎实地掌握各种英语的基础性知识，为学生在交际中使用英语打下坚实的基础；第二，教师要使学生掌握一些必要的英语学习能力，这也是学生开展进一步的英语学习的重要基础。因而我们可以说，智慧课堂在高校英语教学中的应用不仅使学生掌握英语知识，还使学生掌握英语技能，促进学生综合能力的提升。需要强调的是，智慧课堂的教学形式十分灵活，它之所以能够取得显著教学效果的根本原因就是教师在教学中组织了多样化的学习活动，从而使学生可以在很多环境中应用已经掌握的英语知识和技能等。

3. 互动化

智慧课堂应用于高校英语教学的优势还体现在它的反馈非常便捷，这样教师和学生都可以快速地了解自身的教学情况以及学习情况，教师就可以进一步调整自身的教学计划以及方法、步骤等，而学生也可以进一步发现自己的学习问题，并采取一定的措施来调整自己的学习，解决出现的学习问题等。在高校的英语教学中，学生的学习反馈是十分重要的环节，教师只有通过学生的学习反馈才可以了解教师的教学效果，否则教师盲目教学会降低教学的效率，这也不利于学生的发展。在智慧课堂中，学生可以获得及时的学习反馈，这样他们就可以快速地发现问题并解决问题，这也有利于学生进一步开展学习，打下坚实的基础，如果学生在学习中出现问题，他们没有获得及时的反馈，那么他们就很有可能会带着这些问题继续学习，从而降低英语学习的效率。

二、智慧课堂教学在高校英语教学应用的价值

（一）营造良好的学习氛围，推动教育公平的实现

目前，在全国的范围内，我国已经有不少高校在教学实践中构建了智慧课堂，并且取得了一定的效果，然而这些高校在构建英语智慧课堂的过程中也遇到了很多现实中难以解决的问题，因而高校的管理者以及教育工作者都需要重新审视信息化元素在高校英语教学中的应用，并尝试优化和解决一些现实的问题。众所周知，在高校的英语教学中，学习氛围是影响学习效果的一个重要的因素，当高校为学生营造了充满学习气息的学习氛围时，学生往往更加愿意积极主动地学习英语知识，而当高校没有为学生营造充满学习气息的学习氛围时，也就是学校的学习环境和氛围比较嘈杂和混乱，这样学生也很难积极主动的学习，他们甚至可能会厌烦甚至不愿意学习英语知识和技巧等。可见在高校的英语教学中，学习氛围的营造十分重要，这需要引起学校管理者和教师的高度关注。在高校英语的智慧课堂的构建中，教师可以充分地利用各种信息化元素，利用这些信息化元素吸引学生的学习兴趣，从而创设一种良好的学习环境，使学生灵活地掌握英语专业知识以及文化知识等，提升学生的英语水平。此外，在具体的英语教学中，教师还要采取多种途径把信息化元素充分地融入英语教学中，发挥其价值和意义。例如，高校可以利用本校的教育平台来发布英语教学资源、信息等，高校还可以在微信中设置公众号，从而为全校的教师和学生及时地推送有关英语的资讯、教学方法以及教学技巧等内容，这样就能够引起教师和学生的高度关注。

（二）信息技术的运用有利于提升英语教学的效率

高校英语智慧课堂教学有很多传统英语教学模式无法比拟的优点，因而这种教学方式可以显著地提升高校英语的教学效率，并且能够为学生的个性化学

习提供了必要的条件。教师将智慧课堂引入高校的英语教学优势具体体现在如下几个方面：第一，教师在教学中可以借助先进的信息技术，这样教师无论是备课、上课还是课后考核都可以采用比较先进的方式，这就能够从宏观的层面提升高校英语的教学实效；第二，智慧课堂应用于高校教学可以提升英语课堂的教学效率，教师可以在英语课堂中组织并开展多样化的英语教学活动，为学生的英语口语练习提供充足的机会，同时这个过程也能够加强教师与学生以及学生与学生之间的互动，使教师和学生之间形成一种新型的师生关系；第三，教师把智慧课堂应用于高校英语教学，这样学生就可以根据自身的实际需求采用适合自己的英语学习方法，这样就能够照顾到不同英语学习水平的学生不同的需求，促进学生的个性化发展。同时这种教学方式可以实现实时的反馈，学生能够及时地发现错误并且快速地纠正错误，这样可以加深学生对知识的理解，使学生学会反思并不断取得进步。

（三）划分学习小组能减轻英语教师的负担

在高校英语智慧课堂的构建中，教师应该充分地把信息化元素融入英语教学和学习中，这还需要教师不断地培养和提升每个大学生的自主学习能力，这样他们才可以在具体的英语学习中充分地运用各种信息化技术手段等，从而提升英语学习的效率。为了更加高效地在英语教学中运用信息化的元素，教师需要在实践中不断帮助学生合理地划分自主学习小组，通过划分英语学习小组的形式来培养和提升学生的自主学习能力，这样方法不仅效率高，而且可以加强学生之间的互动，培养学生的合作能力以及团队合作精神，减轻自己的工作负担，最终实现高校英语智慧教学的目标。

三、智慧课堂在高校英语词汇教学中的应用

（一）智慧课堂在高校英语词汇教学中应用的必要性

在当前的背景下，很多高校就英语智慧教学展开了深入研究与探索，并且尝试进行线上线下教学的有机结合，并提出了一些新的教学模式。从当前的情况看，我国很多大学对智慧课堂的研究都是集中在宏观层面，将更多的经历用在了教学模式的重新构建上，但是如何将该模式运用到具体的听书读写中的研究并不多。

1. 大学英语词汇教学存在的问题

在大学英语教学中，词汇教学是进行教学的基础。学生的英语能力要想得到一定的提高，足够的词汇量是基本的保障，如果没有足够的词汇量做支撑，那么无论是听说还是读写都是难以为继的。但是通过分析当前教学的现状却可以看出词汇教学是存在很大的弊端的，主要体现在以下几个方面。

（1）课时少、教学任务重

要想在较短的时间内完成很多内容的讲授不仅对老师来说是一种挑战，对于学生的理解与领悟能力也提出了很大的挑战。最近几年，大学英语的学时被不断压缩，很多教师则将教学的重点放在了一些实践性更强的环节。

（2）授课模式单一、枯燥

在当前的背景下，很多的教师依然延续传统的授课模式，这显然无法引起更多学生的学习兴趣，并且教学的步骤都是固定的，就让学生更感觉乏味。

（3）学生学习不得法

对于很多的学生而言，他们并没有掌握正确的学习方法，并且大班授课模式也无法兼顾学生个性化的学习需求。

2. 基于智慧课堂的词汇教学改革势在必行

（1）智慧课堂的教学模式更新

智慧课堂将线上与线下的教学进行了结合，使得词汇的学习不再局限于平常的课堂中，网络上的词汇学习是比较动态的，而且没有学时的限制，要想学好词汇，显然需要学生长期的付出。智慧课堂教学模式使得英语学习不受课堂时间的限制，极大地延长了学生学习的时间。

（2）智慧课堂丰富了词汇教学方式

智慧课堂是信息技术与教学的完美融合，让教育发挥出了更大的优势，不仅为学生提供了更多的学习资源，让学生可以随时进行学习，同时教师也可以通过多种平台给予学生一定的帮助。

（3）智慧课堂凸显了学生学习的个性化

在智慧教学模式下，教师可以借助一些软件的精准分析，随时掌握学生的学习情况，据此去调节自己的教学进度，这样就可以为学生提供一些更具有个性化的学习资料。除此之外，学生在学习的时候也展示出了更强的个性化特征，不仅能进一步提升自己的学习效率，同时还能制定出更具有个性化的学习计划。

（二）基于智慧课堂的高校英语词汇教学课堂设计步骤

本书以外语教学与研究出版社出版的郑树棠主编《新视野大学英语 1》（第三版）中的第一单元 "*Toward a brighter future for all*" 为例，具体说明如何在智慧课堂的环境中开展大学英语词汇教学。本课旨在帮助学生熟练掌握单词 42 个（其中包含派生词 3 个），词组 12 个。拟建构基于 Unipus 高校英语自主学习平台、中国矿业大学 U 校园测试平台、批改网、百词斩 APP、QQ 和微信等为主的信息化平台，课程设计流程如图 6-1 所示。

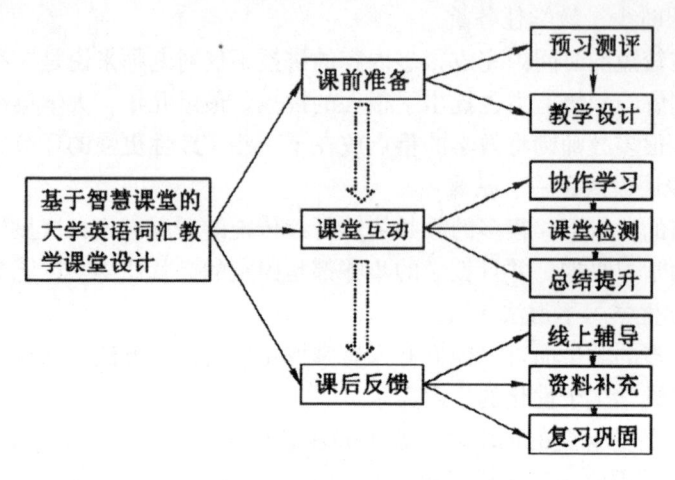

图 6-1 课程设计流程

1. 课前准备

课前准备主要包括预习测评和相应的教学设计，其目的是通过信息化平台检测学生预习效果，在对反馈结果进行统计分析的基础上，进而设计出个性化、有针对性的教案。

（1）预习测评

课前教师首先通过 QQ 或微信等社交类 APP 进行课程预告（如本节课将使用 20 分钟的时间进行单元单词学习），同时推送单词讲解微课视频、电子文档等学习材料，并在 Unipus 高校英语自主学习平台上布置相应的检测试题。如语句听写（考查学生对单词读音的掌握程度）、选词填空（考查学生对单词基本含义及词性的掌握程度）、单选题（考查学生对单词基本用法及搭配的掌握程度）等。学生预习后，需按时完成预习测试，随后可在 QQ 或微信上与教师或学生就做题中遇到的问题进行探讨交流，并加以记录。

（2）教学设计

教师根据 Unipus 平台的预习测评数据以及与学生在社交平台的交流反馈，进一步摸清学生对单词的掌握情况；在此基础上结合教学大纲要求，锁定课堂重点、难点词汇，修订教学目标，改进教学方案。

2. 课堂互动

课堂互动主要包括协作学习、课堂检验和总结提升三个部分。旨在在学生充分预习及对学生水平数据挖掘的基础上，创新课堂教学模式，丰富教学手段,提高教学效率。

(1) 协作学习

教师依据课前数据反馈,开展一系列合作探究学习活动,帮助学生对目标词汇进行内化和吸收。具体形式包括为学生分组,采用词语编写故事,表演猜词、描述图片等活动,锻炼学生活学活用单词的能力。如本课所学单词中,名词和动词均为17个,所占比例较高,教师即可要求学生至少选择重点词汇中的若干个编写对话并进行表演,这样既可以巩固学生对名词词义的认知,又可检测学生动词搭配的使用。

(2) 课堂检测

完成学习任务后,学生需在U校园测试平台或批改网上完成单选、翻译或小作文等随堂测验题目,教师可获得即时反馈。如本课学习了词组"remind sb. of sth.",该词组难点在于搭配是否正确,为检查学生的掌握情况,教师可以在U校园测试平台上发起投票,具体以单选题的形式要求选择该词组的正确搭配。

(3) 总结提升

教师根据U校园测试平台和批改网上的测评结果,对大家普遍错误率较高的单词进行补充讲解,并根据学生对知识的不同掌握情况分层布置课后作业。如掌握较好的学生可进行下一单元新词汇的预习或在百词斩APP上开展自主学习,而问题较多的学生还需完成教材课后练习。教师还可在此环节利用一部分时间为学生答疑解惑,提供个性化辅导。

3. 课后反馈

课后反馈主要包括:线上辅导、资料补充和复习巩固三个部分。旨在利用课后的时间,结合学生课堂学习情况,对学生进行补充教学,确保学生真正掌握词汇并能够在日后的听说读写中熟练应用。

(1) 线上辅导

教师可根据学生课堂学习和课后作业完成情况,录制微课进行课后辅导。如本单元中"overwhelm"一词的使用常是学生的大难题,对此教师可录制小视频,引用大量例句充分讲解,弥补课堂时间有限的缺憾。此外,教师和学生还可在QQ、微信上继续进行在线讨论交流,解答疑问。

(2) 资料补充

教师可通过QQ或微信推送单词小知识,如语音知识、词根、词缀等,方便学生掌握词汇学习的有效方法。如本课包含两组词"virtual-virtually""inherit-inheritor",教师即可推送相关形容词变副词、动词变名词等词缀知识。

(3) 复习巩固

词汇学习并非一蹴而就，需要温故而知新，所以定期的复习是必不可少的。作为词汇学习的引导者，教师还应提醒学生在课下通过百词斩、扇贝等单词学习 APP 和线上资源进行定期复习，并鼓励学生将所学词汇应用到日常生活中。

第三节　网络直播助推高校英语教学

一、认识网络直播教学模式

网络直播课是一种教师通过网络直播平台在线授课的新的教学方式。互联网的发展和网络的普及，给直播进入教育行业打下了一定的基础。随着直播在教育领域的不断推广，很多"网红教师"由此产生。在疫情期间，网络直播教学作为一种在线教学模式，被广泛应用于各大高校。网络直播教学的前身是网络直播，他们的出现，与娱乐产业的迅速发展有着莫大的联系。网络直播教学不仅仅能像录播视频一样起到教学作用，还能够让师生互动。它的社交化、丰富的内容和灵活性强等特点让它受到大家的喜爱。此外，网络直播教学有着很强的互动性，能够让学生身临课堂，相较于在线网络课程，更能够吸引年轻人。但是，网络直播教学作为一种新兴教学方式，需要教师有着更强的掌控能力与组织能力。教师需要通过语音和视频，直接组织教学，相对于传统课堂而言，这更加困难。随着网络直播技术的发展，直播平台如雨后春笋般快速出现，如雨课堂、钉钉、腾讯课堂、超星学习通等，这些平台都为师生提供了丰富的教学资源。网络直播教学虽然见效快，但是也有着一定的"风险"，它很难满足所有学生的需求。所以，在网络直播教学之前，教师要让学生先自主学习并列出让自己感到困难的知识点，教师则可以通过练习、测试等方法发现学生共同存在的问题，在直播教学时，可以针对这些问题给出相关解答。此外，教师还要充分考虑网络的流畅性，错峰直播，避免网络卡堵。

二、高校英语直播教学模式的意义

(一) 促进了精英式教育的发展

在传统的课堂模式下，每个班级中的学生都是很多的，对于不同的学生而言，他们之间存在的差距也是很大的，但是由于某些原因的限制，很多的教师在教学的过程中却无法实施个性化教学，这也不利于精英教育的实施。

在进行网络直播的时候，就算是一些个性很内向的学生，也能够大胆的表现自己，并能够勇敢的表达自己的观点，所以教师与学生之间沟通的渠道更顺畅了，这样学生也可以获得更为针对性的指导。在这样的情况下，学生的综合素质显然会得到一定的提高，这样离精英教育的目标就会更近了。

（二）促进了英语学习交互性的增强

我们学习某一种语言的目的就是为了能够更好地与人进行交流，英语的学习也是如此。如果我们学了很长时间的英语，却无法自如与外国人进行交流，显然是失败的，也背离了学习的初衷。在传统的教学模式下，学生并不注重口语的训练，所以口语交际的能力普遍较差，但是在网络直播的教学模式下，每位学生都拥有了开口的机会，这样教师与学生都能够得到更好的互动。在课堂互动的过程中，所有的学生都是可以自主进行发言的，教师就可以对学生的表现提出有针对性的建议，从而能够帮助学生有效解决口语交际上存在的问题，只有这样，学生的口语交际能力才能得到不断提升。

（三）促进了学生思辨能力的培养

英语不仅仅只是一种语言，同时其还代表着一种文化，是一种新的思维方式的表达，对于英语课程自身而言，其具有极强的人文性特征，所以在学习的时候，学生不仅仅需要掌握基本的英语技能，同时还应该融入自己对该学科的理解，积极学习语言背后的文化知识。在课堂上，教师就可以设置相关的文化问题，学生可以根据自己的储备对各种问题做出回答，这样不仅可以促进学生之间的交流，同时也利于学生思辨能力的提升。

三、高校英语网络直播教学模式

（一）学生主动学习教学模式

1. 课程总体设计

（1）英语网络直播课堂应该体现学生为中心的教学价值取向，注重学生的主动性和师生互动性。建议采用翻转课堂模式，任务驱动激发学生主动学习，自主学习的热情。教学设计和教学模式以学生为中心，让学生在网络课堂上忙起来，学生是线上课堂的主体，教师是课堂的引导者和辅助者。

（2）课前遵循先学后教理念，建立学习社区，培养学生自主学习能力。

根据奥苏贝尔的学习理论学习者要具备一定的知识，以便与新知识产生关联。因此在课前可做以下准备。

①发放学习资料。教师可以在微信群、QQ群、雨课堂等社区提前发放英语课前学习资料，英语资源的推送做到符合教学目标，内容有趣，需要注意预习量和难度要适中，避免打击学生学习的主动性和积极性，恰当做好学生与英语资源的互动。

②布置学习任务，明确学习目标。让学生提前了解每一课的重难点，并明确指出学完之后学生能力或知识点能够得到哪一方面的提升，从而提高学生学习的意义感。

③营造课前学习氛围。学生利用智能手机开展知识点和技能点的自主学习与测试，观看微课等，学生在线上社区进行疑点讨论，课前营造浓烈学习氛围。学生也可以在雨课堂、蓝墨云班课、钉钉、微信群等App私下把疑难问题发送给教师，提前告知教师哪些需要个别重点讲解。

④教师后台观看个性化数据，收集数据，查看差异化的知识水平，根据测试数据总结学生的难点，薄弱环节，提前针对学生的水平做课前备课，及时调整和优化教学方案。

2. 英语网络直播课堂构建

（1）强化问题导向的课堂设计，加强探究式学习

①学习中心由教师转向学生。学生在课前已经知道自己的薄弱环节在何处，带着问题听课，可以把学生的学习主动性发挥出来。教师根据学生课前测试数据，主要针对学生的英语难点开展讲解。对于学生都已经掌握的经过课前测试已经通过的知识点，就不必赘述，避免线上课堂学生分神。

②营造以学生为主导的个性化课堂。教师可以组织在线投票、随机点名、弹幕、小组讨论、学生互助答疑等多种教学模式相交替，放权给学生思考与实践和探究。

③课堂需要对学生进行反馈。英语线上课堂发言积极主动的同学，教师要给予充满肯定的评价，并在线进行加分鼓励。教师要留时间给有疑问的同学。网络直播课区别于线下课堂，可以最大程度解决学生在课堂羞于当众提问这个问题。直播教师不能光自己讲，还要多看讨论区，学生在讨论区反馈给教师自己的理解是否正确，教师可否再讲解一遍等，教师要有回应，即时在线当堂解决学生产生的疑问，对学生来说学习的积极性会更高昂，学习压力会变小。实在不懂的学生，为了不耽误太多课堂时间，可以直播结束后教师进行差异化辅导。

（2）注重学生课堂体验

①教学内容需要做到小而精，讲练结合。线上教学忌讳空而泛的长篇大论，学生很容易走神。教学内容需要小单位教学，知识点集中，英语线上课堂需要知识点精讲与高质量课堂练习相搭配和穿插，学一点，做一点，反馈一点。在"用"中学，在"执行"中得到知识与能力的自我更新与升级。

②小单位的教学内容输出方式要多样，输出节奏快，内容丰富有趣。例如可以进行课堂小组竞赛 PK，以游戏方式进行答题积分闯关，即时显示比赛小组分数，让学生充分融入课堂，觉得线上课堂丰富紧张刺激快乐，而没有闲暇时间去关注其他网页。

③视觉刺激学生。课中教师屏幕需多动态模式。教师讲解的时候更要在 PPT 上做图标点亮，标记注释等课堂即时重点标识，课件多元化，各种动态效果以动画融入，比如倒计时竞赛可以呈现数字上升与下降，在线投票的柱状图和数字变化等视觉紧张刺激学生课堂专注力高度集中。要充分利用在线学习的优势，齐心协力提供结构化的环境，使用一系列促进、包容、个性化和智慧的协作工具和参与方法，不仅仅是通过视频功能来复制物理课堂。

（3）英语教师需要在线出镜，实现课堂师生互动最大化

①互联网直播课堂最大的缺点是少了面对面的交互，因此，教师更应该注重线上学生的课堂互动，特别是对于英语这门语言类的课程。在直播课，很多教师采用不露脸方式直播，实际上，这样已经对于直播课堂的互动性关上了一扇大门。学生面对这电脑上的 PPT，听着电脑传来的声音，这种模式很大程度上相当于录播课。

②课堂的主体教师如果在线出镜，学生心理上有进入教室和课堂的状态，这样可以较大程度地还原线下面对面交流的模式，营造可视化教学环境。英语课堂的可视化尤为重要，英语发音的口型，舌位和脸部肌肉，更是需要让学生通过视觉教学做到精准到位。英语教师连线学生朗读单词，进行英语对话，纠正语音等，视觉交流都是非常需要的。

③实现师生情感交流，最大限度打破了屏幕冷冰冰的隔离。教师的一颦一笑，神态举止，都能够与语气，语调同步呈现，教师动态出镜，制造一种亲临其境的教室氛围，学生提出问题时教师的思考表情，学生回答正确教师赞许的眼神，大家在弹幕里激烈讨论时教师欣喜的表情，都能够牵动着学生的心，学生也会觉得一直与教师现场同在，最大化利用视频直播的优点，增强师生之间的亲近感。

（二）QQ 直播模式

以网络为载体的网络直播教学方式逐渐渗透到高校英语教学中，其优势是激发学生学习兴趣、优化大学英语学习效果，在原有课堂教学模式上有所突破。网络直播英语教学以互联网为载体，学生以观看实时视频的方式在直播平台与教师完成交互学习，学生可对当前出现的问题进行实时提问，并与教师进行沟通交流。在高校英语教学课堂使用网络直播是教学手段的创新，可以将学生带入一种沉浸式学习氛围，根据学生英语水平选择不同层次的教学内容，有助于培养精英式英语人才。QQ 直播在英语教学中的应用效果是明显的，能丰富高校英语教学方式。

1. 形成交互式英语教学模式

一门语言的学习需要交互沟通，QQ 直播应用于高校英语教学有助于构建交互式的教学氛围，营造平等的课堂环境，学生以交流的形式获取不同层次、不同方向、不同领域的英语知识信息，对构建系统性、全面性、交叉性的英语知识结构具有积极作用，是高效完成教学目标的基本保障。QQ 直播形成的交互式英语教学模式是现代信息技术在教育中的创新应用，打破了线上、线下师生交流界限，为羞于直接提出问题的学生提供了放松的学习平台，利于学生放下心理芥蒂，打消课堂提问顾虑。QQ 直播交互式英语教学也是学习资源整合与输出的过程，信息时代互联网存在海量英语教学资源，但是如何掌握有价值、高价值的学习资源则需要进行信息整合与再分配。QQ 直播营造的英语交互式教学很好地实现了这一目标，减少了学生在网络中获取有效学习资源的时间消耗。

基于 QQ 直播的高校英语教学课堂是新媒体教学手段应用的结果，以网络社交的方式间接提升学生英语口语交际能力。QQ 直播具体的教学应用模式如下：大学生可通过直播间、建立房间的形式和英语教师进行互动交流。QQ 直播实现方式简单，所有学习个体具备轮流直播的资格，教师浏览学生直播间的内容即可获取学生学习情况，教师的客观评价有助于学生学习效果的优化。QQ 直播优化了高校英语教学的交互性，彻底改变了传统英语教学中教师为主体的教学局面，主张构建以学生为中心的课堂教学互动状态，引导学生以沟通交流的方式学习英语，通过合作探究加深知识理解。基于项目驱动导向升华语言交流技能，对于改善大学生英语口语薄弱困境、活跃大学生思维能力具有重要价值。

2. 打破沉闷的课堂气氛

基于QQ直播的高校英语教学模式是对真实课堂场景的模拟，凸显了体验式教学的价值。体验式教学不局限于得到知识内容，严格意义上而言是以经验转换为载体实现知识创造。QQ直播采用高科技、互动性的现代课堂代替传统古板的英语课堂，在互动直播教学中，学生可以实时反馈教学疑问，和同学之间进行口语对话练习。QQ直播在高校英语教学中的应用是对网络视频点播教学模式的优化，在线直播的模式可实时得到对方的反馈，并且在学生熟悉且感兴趣的网络中展开学习，有效调动了学生的学习兴趣，自然形成强烈的学习氛围。QQ直播平台，便于双方信息的获取与更新。基于QQ直播的高校英语教学模式是超越传统教学模式的成功改革案例，将传统教学媒介搬到虚拟空间，确保教学过程在公开的环境下进行。此外，线下课堂的英语教师需要为学生学习服务，综合使用多媒体教学手段做好充分的课前准备，以便为学生解答授课中存在的问题；教师要具备将抽象英语概念转化为具象思维的能力，对QQ直播不足之处加以补充；教师要组织学生划分学习小组，以合作、交流的形式沟通学习成果，分享学习经验。

3. 丰富英语教学资源的获取途径

基于语言环境的匮乏、教学资源的不足，高校英语学习面临困境。英语作为高校必修语言学科，需要获取符合时代特征与核心价值的教学资源，因此必须对教学方式进行多元化。QQ直播在丰富英语教学资源获取途径方面功效卓著。首先，QQ直播丰富了英语教学资源获取途径，直播教学的教师大部分为行业内的突出者，或是具有丰富的教学经验，或是具有先进的教学理念。长期以QQ直播的形式学习大学英语有助于丰富、获取高价值度的教学资源，呈现了多渠道、多形式汲取英语知识的高效途径。其次，QQ直播实现了英语教学资源整合与再分配，信息闭塞地区的学生只要通过网络连接即可获取海量有价值的英语学习资源。存储在QQ直播教学平台中的资源一般不会丢失，实现了长期有效知识存储。此外，基于QQ直播的高校英语教学环境相对自由开放，学生可自由使用移动终端查询英语信息。QQ直播中教师的讲课存在清晰的侧重点，学生可利用移动终端快速搜索相关资料，凸显QQ直播教学的针对性的同时，学生据此明确了英语教学资源搜索方向。

4. 改善教师教研水平

学生与教师均为QQ直播教学的受益者：对学生而言，QQ直播能改善学习效果；对于教师而言，有助于优化知识储备、更新教育观念、学习名师教学方法等。教师合理利用QQ直播平台的途径有以下几条。

（1）可学习QQ直播教学方法，解决学生与教师不能同时空学习的问题，教师通过QQ直播平台与学生进行交流互动，发布教学计划等信息，帮助学生自主学习。

（2）教师可以QQ直播平台为载体实现教师教研互动，将QQ直播平台作为学术沟通工具，拓展了直播平台新功能。由于诸多因素限制，教师间难以寻找共同时间进行教研分析，QQ直播打破了交流沟通的时空限制，很好地解决了教师面对面沟通困难的问题。

（3）QQ直播便于不同区域教师的学术交流。教师以QQ直播为载体分享有价值的教学设计、教学方案、教学理念等，在家中以互联网为中介即可获取全国优秀教师先进的教学经验，真正扩大了教研活动范围，是教育领域教师教研、学术沟通途径的优化与进步。

四、英语网络直播课堂构建

（一）以问题为导向进行课堂设计，加强探究式学习

1. 学习中心由教师转向学生

在上课之前，学生对于自己的知识掌握状况已经有了一个大致的了解，带着问题去听课显然会更好地提高自己的听课效率，并能充分发挥出自己学习的积极性。在课前，教师也可以拿到学生学习的测试数据，从而有针对性的讲解那些学习难点，极大地提升了课堂效率。

2. 营造以学生为主导的个性化课堂

教师在课堂上可以组织各种各样的活动，让自己的课堂更能展示出个性化的特征，从而利于学生的深入探究。

3. 课堂需要对学生进行反馈

对于在课堂上积极发言的同学，教师要多鼓励他们，并且要给予他们中肯的评价。对于那些有疑问的同学，教师应该给他们留出提问的时间。与线下课堂相比，网络课堂显然是有自己的特点的。之前有的同学往往由于害羞、内向等问题不敢当堂提问，但是在线上，学生往往敢于提出自己的提问。在授课的时候，教师不应该仅仅自顾自地讲，同时还应该多看评论区，多看看学生的关注点在哪里，如果有学生提出让老师就某个问题再做出一遍讲解，教师也应该吸取这个建议，这样就会及时消除学生的学习难点，让学生的学习压力变得更

第六章　信息时代高校英语教学其他教学方法研究

小。但是如果遇到学生实在不懂的情况，就应该进行课下的单独辅导，以免占用太多的课堂时间。

（二）组织多样的课堂活动

1. 教学内容需要做到小而精，讲练结合

在开展线上教学的时候，教师应该改变传统的长篇大论的习惯，这样学生往往容易走神。在教学时候，教师最好将那些学习内容进行有效拆分，让知识点能够集中起来，并注重与实践的结合。

2. 小单位的教学内容输出方式要多样，输出节奏快，内容丰富有趣

在课堂上，教师可以让不同的小组成员之间进行 PK，比如设置一些游戏的关卡等，将不同小组的分数实时显示出来，这样就可以让更多的学生都能积极参与课堂中，进一步提高学生学习的效果。

3. 视觉刺激学生

在上课的过程中，教师的屏幕应该多选择一些动态的模式，比如在讲解的时候就可以在 PPT 上做一些可以点亮的图标，在上课的时候就可以根据需要点亮这些图标，对于课件，应该遵循多样化的设计方式，充分融入多种动态效果，以此来吸引学生的目光。与此同时，教师还应该充分利用在线学习的优势，为学生提供更好的学习环境，而不仅仅延续过去传统的授课模式。

（三）加强师生间的互动

在互联网直播课堂上，面对面的互动是很少的，所以教师就应该更为重视线上的互动，尤其是语言类的课程更是应该如此。有些教师在上直播课的时候，他们并不会露脸，显然这对于互动显然是不利的，学生在面对电脑上的 PPT 时，如果仅仅是听到电脑那端传来的声音而看不到人脸，显然是不利于教学效率的提高的。

如果教师在授课的时候出镜，那么学生在心理上就会及时进入课堂状态，这样就可以更好地模仿线下面对面交流的模式，从而让教学的过程更具有可视化。对于英语课程的学习而言更是如此。英语发音的口型与舌位等都是需要让学生做到精准模仿的。教师在连线学生的时候，需要和学生展开英文对话，进一步纠正学生的语音。

教师还应该注重与学生的深入交流，只有这样才能打破师生之间的距离

感。不管是教师的一颦一笑还是精神气度都能够给学生营造出一种身临其境的学习氛围，当学生回答问题之后教师给出了赞许的目光，当大家在弹幕里激烈的讨论，这些都能营造一种积极向上的良好氛围，从而进一步拉近师生之间的情感距离。

参考文献

[1] 蔡龙权. 英语教学与研究艺术［M］. 上海：中西书局，2014.

[2] 曹野. MOOC（慕课）在高校公共英语教学中的应用［J］. 未来与发展，2016，40（3）.

[3] 常裕博. 混合式教学在大学英语阅读教学中的应用［J］. 卷宗，2021，11（19）.

[4] 邓红英，聂俊俊，李兰杰. 英语教学研究［M］. 北京：经济日报出版社，2017.

[5] 邓奕华. 基于蓝墨云班课的大学英语混合式教学初探［J］. 考试周刊，2018（70）.

[6] 丁睿. 大学英语教学发展研究［M］. 长春：吉林人民出版社，2019.

[7] 郭建鹏. 翻转课堂与高校教学创新［M］. 厦门：厦门高校出版社，2018.

[8] 郭庆华. 慕课背景下高校外语翻转课堂教学模式研究［J］. 黑龙江教育学院学报，2018，37（11）.

[9] 何冰，汪涛. 翻转课堂与英语教学［M］. 长春：吉林人民出版社，2019.

[10] 黄儒. 大学英语教学模式研究［M］. 哈尔滨：黑龙江教育出版社，2018.

[11] 霍晓静. 浅谈"慕课"背景下高校英语教学模式的创新［J］. 宿州教育学院学报，2017，20（3）.

[12] 康英华. 高校英语教学存在的问题及对策研究［J］. 赤峰学院学报（自然科学版），2014（19）.

[13] 李锦池. 慕课（MOOC）在我国高校英语教学中的应用研究［J］. 校园英语，2021（12）.

[14] 李静纯. 英语教学的艺术探究［M］. 南宁：广西教育出版社，2018.

[15] 李兰. 慕课时代高校英语教学的机遇与挑战［J］. 考试周刊，2014（83）.

[16] 李强. 云计算及其应用 [M]. 武汉：武汉大学出版社，2018.

[17] 梁思华. 英语教学与信息技术深度融合 [M]. 北京：科学技术文献出版社，2018.

[18] 林晶晶. 基于翻转课堂的英语语法教学优化 [J]. 现代基础教育研究，2017 (4).

[19] 刘兰. 高校英语教学中慕课资源的应用思路 [J]. 山东农业工程学院学报，2019，36 (6).

[20] 马莹. 基于雨课堂的大学英语混合式教学模式构建 [J]. 海外英语，2019 (2).

[21] 彭上观. 混合式教育实习模式的理论与实践 [M]. 广州：广东高等教育出版社，2020.

[22] 秦元刚，姚文彬，任豫萱. 教学改革情境下大学英语教学设计与实施 [M]. 成都：电子科技大学出版社，2018.

[23] 时宗姜. 基于翻转课堂的英语写作教学创新策略探析 [J]. 家长，2020 (19).

[24] 隋晓冰. 网络环境下大学英语课程教学优化研究 基于佳木斯大学的实证研究 [M]. 上海：复旦大学出版社，2016.

[25] 孙惠敏，李晓文. 翻转课堂我们在路上 [M]. 杭州：浙江高校出版社，2018.

[26] 汤敏. 慕课革命互联网如何变革教育？[M]. 北京：中信出版社，2015.

[27] 唐君. 高校英语信息化教学研究 [M]. 北京：中国国际广播出版社，2018.

[28] 唐学华. 论慕课时代高校英语教学"进化"[J]. 中国成人教育，2016 (5).

[29] 田会轻. 当前大学英语教学模式反思 [M]. 青岛：中国海洋大学出版社，2017.

[30] 王馥沁. 基于SPOC的混合式教学在大学英语写作教学中的模式探究 [J]. 考试周刊，2019 (10).

[31] 王九程. 信息化时代高职英语教学研究 [M]. 长春：吉林人民出版社，2020.

[32] 王落茹. 大数据背景下大学英语移动课堂教学模式的应用研究 [J]. 校

园英语，2020（14）.

[33] 王晓燕，瞿宁霞. 新媒体在英语教学中的有效应用研究［M］. 长春：东北师范大学出版社，2018.

[34] 王燕玲. 移动课堂 值得尝试的英语教法［J］. 山西教育（教学），2017（9）.

[35] 王艺湘. 翻转、混合式、慕课、在线开放、智慧课堂"课"不容缓的互联网+视听盛宴［M］. 中国轻工业出版社，2019.

[36] 魏微. 大学英语教学基础理论与实践研究［M］. 长春：吉林人民出版社，2020.

[37] 吴秀珍，刘勐，贺伟. 信息技术与信息检索［M］. 北京：中国戏剧出版社，2009.

[38] 夏洪文. 教师信息技术基本技能［M］. 重庆：重庆大学出版社，2013.

[39] 向明友. 试论大学英语课程体系建设［J］. 中国外语，2016，13（1）.

[40] 项成东，高嘉勇. 英语教学改革与实践论文集［M］. 天津：南开大学出版社，2017.

[41] 肖君. 教育大数据［M］. 上海：上海科学技术出版社，2020.

[42] 肖书珍. 浅析高校英语教学存在的问题及对策［J］. 湖北经济学院学报（人文社会科学版），2012（8）.

[43] 徐刚. 高校英美文学教学理念与模式研究［M］. 天津：天津人民出版社，2021.

[44] 徐婧. 移动课堂视角下高校英语教学模式改革研究［J］. 长江丛刊，2020（10）.

[45] 徐燕，伏振兴，李兆义. 信息技术与现代教育手段［M］. 银川：阳光出版社，2018.

[46] 许渭. 智能移动终端在大学英语课程教学中的应用［J］. 科教导刊（中旬刊），2019（29）.

[47] 杨存政. 桴海探珍［M］. 银川：宁夏人民教育出版社，2018.

[48] 杨冬梅. 基于网络环境的大学英语自主学习监控理论与实践研究［J］. 牡丹江教育学院学报，2014（1）.

[49] 杨连瑞，肖建芳. 英语教学艺术论［M］. 南宁：广西教育出版社，2003.

[50] 杨胜娟，王静. 大学英语教学改革实验及探索［M］. 成都：电子科技大

学出版社，2017.

[51] 姚永红. 新媒体时代英语多模态教学模式架构［M］. 长春：东北师范大学出版社，2018.

[52] 于晶. 大学英语课堂环境构建理论探究［M］. 长春：吉林人民出版社，2017.

[53] 张君. 高校英语的慕课教学模式研究［M］. 西安：西安交通大学出版社，2019.

[54] 张喜华，郭平建. 信息化背景下大学英语教学改革研究［M］. 北京：北京交通大学出版社，2017.

[55] 张艳玲. 英语教学的理论、模式和方法［M］. 青岛：中国海洋大学出版社，2018.

[56] 张燕. 混合式教学在高职英语听力教学中的应用［J］. 科技经济导刊，2019（35）.

[57] 赵晓峰. 信息技术环境下的英语教学研究［M］. 天津：天津科学技术出版社，2019.

[58] 郑立，姜桂桂. 慕课与高校英语学习方式研究［M］. 成都：西南交通大学出版社，2017.

[59] 郑盼盼. 高职思政云课堂理论与实践［M］. 杭州：浙江工商大学出版社，2019.

[60] 周春萍. 英语教学新视界教育技术在课程中的应用［M］. 南宁：广西人民出版社，2004.